달 그리움

얼과 빛 김응배 시집

달 그리움

얼빛 **김응배** 시집

도서출판 **여름**

서문

    시를 읽고 있노라면 보드라운 향기가 마음 깊숙이 스며들어 저절로 소리를 내어 읊게 되고, 그 순간 나는 어느새 나만의 세계로 들어가 상상의 숲을 거닐게 됩니다.

    알 듯하면서도 모를 듯, 다가왔다가도 다시 멀어지는 그 아쉬움 때문에 우리는 시를 반복해 읽습니다. 바로 그 끝없는 여운과 울림이 시의 매력이며, 공감과 회상을 통해 지난날의 아픔을 치유하고 눈물을 위로하는 시의 힘은 누구도 부정할 수 없을 것입니다.

    시인은 기쁨과 슬픔을 노래하고, 종이 위에 삶의 그림을 남깁니다. 독자는 그 언어를 눈과 귀와 마음으로 받아들여 공감과 교감의 기쁨을 맛봅니다. 때로는 시인의 의도를 벗어나 저마다의 해석을 더하면서, 자신의 삶을 위로하고 치유받으며 새로운 평안을 얻게 됩니다. 이것이야말로 시가 존재하는 이유일 것입니다.

    저는 전자공학도의 눈으로 세상을 바라보며 살아왔으나, 최근에 시를 읽고 쓰는 과정에서 뜻밖에 풍요로운 감성과 정서를 맛보았습니다. 그리하여 문학도의 길을 잠시라도 꿈꾸며 이 시집을 세상에 내놓게 되었습니다.

특히 2년 전, 병천 아우내장터 유관순 추모행사에서 "그대여 유관순의 코리아여"를 낭송한 인연으로 성재경 겨레시인님을 만난 것은 내 삶의 새로운 전환점이 되었습니다. 애국의 정신과 시인의 기개가 담긴 그의 격려와 응원은 나에게 큰 용기가 되었고, 그동안의 졸필을 다듬고 새로이 써 내려가 마침내 90여 편의 시를 한 권으로 묶을 수 있었습니다.

이제 막상 시집을 세상에 내놓으려니 두려움과 설렘 그리고 작은 성취감이 교차합니다. 그러나 내 곁의 소중한 분들께 생애 첫 시집을 나누어 드린다고 생각하니 마음속에 뿌듯한 자부심이 차오릅니다. 앞으로도 심금을 울리고 마음을 정화시키는 시를 써 내려가며, 한층 성숙한 시인으로 발돋움하기를 다짐합니다.

이 자리를 빌려 그동안 물심양면으로 격려해주신 모든 분들께 깊은 존경과 감사를 드립니다. 특히 서툰 글들을 세심히 감수해 주시고 귀한 시평으로 힘을 북돋아 주신 신독립군 대표 성재경 겨레시인님 그리고 이 시집을 아름다운 한 권의 책으로 빚어주신 도서출판 여름 정수연 대표님께 고개 숙여 감사드립니다.

이천 이십 오년 시월에 얼빛 **김 웅 배**

▶▶▶ 차례

서문	4
달 그리움	10
어머니는 불사조	12
어머니의 물김치	14
어머니의 기도	16
어머니의 재봉틀	18
어머니의 진심	20
어머니의 사랑	22
울 엄마는 초능력자	23
고향	24
부모님의 분신	26
아버지의 마음	28
내 마음의 천국	30
어머니의 상추	32
철쭉	34
봄비	35
봄 꿈	36
봄이 오는 소리	37
봄 마중	38
벚꽃	39
6월의 장미	40
가을과 바람	42
9월 가을밤	44
가을	45

허수아비	46
낙엽 이별	48
가을 빛	50
한가위	51
보름달 한가위	52
농악놀이	54
태풍 종달이	56
구름 위를 걷다	58
이름꽃 마을에 가면	60
보름달	62
위로	64
향기 나는 사람	65
눈도 눈물이 있나	66
달맞이꽃	68
아침	70
무궁화	71
흙처럼 살자	72
나는야 원양어선	74
고마운 비	76
구름처럼 살다가	77
천렵	78
갈치와 감자	81
용담호 연가	82
용담호 사랑	84

〉〉〉 차례

호수	85
시골버스	86
사마르칸트 가는 길	88
침간산 만년설에 올라	90
파도의 꿈	92
순덕이와 대박이	93
오늘 짧은 인생	94
인생은 새옹지마	96
덤으로 사는 인생	98
우리 함께	100
인생 역사	101
그리움을 남기자	102
낙엽 이야기	103
새벽 소리	104
색소폰 연습	106
한복	108
그리운 친구야	110
색소폰 소리	112
쥐구멍	113
LED 등을 고치다	114
고장 난 선풍기	116
고장 난 TV에 생명을	117
에어컨 수리	118
전기밥솥 응급수술	120

결혼 서약	122
이레 비빔밥	124
이레 메밀비빔국수	126
고향 콩나물밥집	128
한여름 피서	131
메기탕 추억	132
황기 닭곰탕	134
대성장 탕수육	136
인과응보	138
자존심	140
입산 금지	142
성재경 계례시인	144
애국자의 피가 흐르리	146
남강 이승훈	148
고당 조만식	150
주기철 목사	152
김홍일 장군	155
의사 백인제	157
김소월 시인	160
한경직 목사	162
백석 시인	164
이중섭 화가	167
승동표 화백	170
시평	173

달 그리움

산마루 걸터앉아 고개 숙인
하얀 무게 창백한 반달
낮달이 고즈넉이 떠 있다

이윽고 밤이 오면
남쪽 하늘 어둠 깊을수록
산마을 훤히 비추는 달빛

보드라운 명주 보자기 두른
달 가리운 반쪽은
타는 그리움이 숨어 있고

반짝이는 은하수 망토 두른
황금빛 미소 반쪽은
어서 사랑 찾아가라는 손짓

산모롱이 돌아들며
기다림에 지쳐 굽은 어깨로
사랑 무게 내려앉은 달빛

산길 따라 내 그리움 같은
노랑저고리 입은 여인
달맞이꽃이 피어 있었네

어머니는 불사조

소싯적에는 어머니가 불사조인 줄 알았습니다
밤을 새워도 이른 새벽 다시 일어나시고
땡볕에서 물도 안 마시고 쉬지도 않고
땀 흘리며 뼈저리게 일하는 것이
어머니의 운명인 줄 알았습니다

학창 시절에는 어머니가 천하장사인 줄 알았습니다
논밭에 나가 고된 호미질에 허리 한번 못 피우시고
뒷산에 올라 나무와 산나물을 이고 내려오시며
매일 한끼 두끼쯤은 굶으셔도
배고픔조차 모르는 철인인 줄 알았습니다

철이 들어 어머니의 주름살과 꼬부라진 허리를 보니
어머니는 철인이 아니라 나보다 연약한 여인이었습니다
허리와 다리는 끝도 없이 가늘어지시고
구부러진 어깨 위로 불어오는 마른 바람에도
뼛속까지 스미는 아픔에 먼 하늘만 쳐다보았습니다

아픔을 참으며 온몸으로 희생한 어머니의 눈물은
우리 마음속에 붉은 바다가 되었고
자식을 위해서 새벽마다 올리는 어머니의 기도는
우리 마음속에 붉은 돌탑이 되었습니다.
어머니 한평생 가슴속에 묻어놓은 한은
오늘도 붉은 구름 되어 하늘을 떠돌고 있습니다

이제는 내가 어머니의 엄마가 되어
그동안 겪으신 고생과 아픔 다 잊게 하고
베풀어 주신 은혜 같이 살면서 모두 다 갚아드릴게요
어머니!
걷기 힘드시면 업어서라도 멋진 꽃구경 시켜드릴게요
어머니!!
부디 내 곁에 오래오래 머물러 주세요
어머~니~~

어머니의 물김치

엄마께서 담가 주신 물김치
새싹 열무 연한 아기배추
정성으로 가득 찬 신선한 맛

한 순갈 뜨는 순간
눈앞에 별이 반짝이고
이 세상에선 맛볼 수 없는
천국의 맛이 펼쳐진다

몸이 건강해지는 보약
한 그릇 밥을 따로 먹어보아도
국물에 말아서 먹어보아도
한결같은 맛은 깊고 은혜롭다

무엇을 넣으셨냐고 묻고 싶지 않다
밭에서 막 가져온 신선한 채소에
엄마의 정성이 조미료로 들어갔을 것이고

음식은 뭐라 해도 손맛이라 했는데
아직은 건강한 엄마의 손끝과
자식 사랑이 양념으로 듬뿍 둘러서
맛깔난 천상의 물김치로 빛을 얻었네

엄마 품 떠난 타향의 서러움도
물김치 한 사발이면 다 녹아버리고
힘이 불끈 저절로 솟아오르네
엄마의 사랑 물김치
오래도록 곁에 두고 싶다

어머니의 기도

어머니 하루는 기도로 시작된다
어머니의 하루 끝도 기도일 테지만

세월이 흐르고 시대가 바뀌어도
자식이 잘되기만을 비는 마음
한 번도 변한 적이 없네

열 달을 몸 안에 품어
뼈와 살을 빚어내시고
스스로 아무것도 못 하는 아기
기쁨과 사랑으로 씻기시고
정성과 희생으로 살리셨네

울면 뜬눈으로 한밤을 지새워
등에 업어 재우시던 어머니
밥 한 숟가락 떡 한 조각이라도
자식에게 먼저 먹이고 싶어
배고픈 일상에도 쌈지에 싸 오시네

자식 맛있게 먹는 모습 바라보며
배부르다고 하신 말씀
그 아픈 진심을
누가 다 헤아릴 수 있을까
평생을 희생으로 살아오신
당신의 젊음은 어느새 흰 구름 되었네

무릎은 굽어 시리고
허리는 꼬부라져 쑤시고
당신 한 몸 바로 설 수 없어도
아직도 자식의 안위를 걱정하며
새벽 촛불 켜고 기도를 올리신다

오늘도 그 애틋한 기도에 힘입어
사랑과 희망으로 가득한
나의 보람찬 하루가 시작된다

어머니의 재봉틀

손가락마다 굳은살이 베어
마디마다 굵기가 다 다른 어머니

고우시던 손은 간데없고
오랜 세월 가위질 재단으로

나무껍질처럼 거칠어지고
가죽처럼 단단해졌네

어머니 몸을 고치듯
고장난 묵은 재봉틀을
기름치고 나사도 조이고
뭉친 실밥 풀어 주면

70년이 넘은 세월에도
싱싱하게 잘도 굴러가네

다시 살아난 재봉질에
어머니 얼굴에 웃음꽃이 핀다

어머니 무릎관절도
기름칠한 재봉틀처럼
쌩쌩 달리면 좋으련만

어머니의 진심

얼마 못 살 것 같다고 하시면서도
병원에 가자고 먼저 서두르시고
복숭아 드시고 병났다고 했는데
없어서 못 드신다고 하신다

김치 그만 가져오라 하시더니
김칫국물로만 식사하신다고 하시고
귀찮다고 힘들다고 오지 말라면서도
늦게라도 찾아가면 과일 내오신다

불안하고 잠이 안 와서 죽고 싶다더니
내 앞에서 편히 코를 골며 주무신다

틀니가 고장이나 제대로 씹지 못해
위아래 전부를 임플란트 이식했더니
틀니만 못하다고 불평하면서
너무 맛있게 오징어를 씹으신다

낡은 것 버리고 새것만 쓰라고 해도
돈이 하늘에서 떨어지냐 큰소리치며
안 버리고 고집 피우다가

서로 큰소리로 부딪히고
부화가 일고 토라져서
한동안 말도 안 하시지만

아직도 정신 말짱하고
말다툼 기력이 남아 있으니
앞으로도 계속 싸우면서
건강 챙겨드려야겠다

어머니의 사랑

집 마당에 서서
한겨울 망울을 매일 바라보시던
어머니의 기다림 끝에
드디어 붉은 동백꽃이 피었다

얼마나 곱고 사랑스러운 꽃일까
어머니는 아들인 나를 위해
귀한 꽃을 아낌없이 꺾어
한 아름 꽃다발을 만드셨다

새로 이사한 집 마당 꽃밭에
활짝 웃으며 피어난 동백꽃이
참으로 아름답고 소중할 텐데
공부방 책상에 꽂아 놓으라고

그 꽃을 책상 화병에 꽂아 놓고
꽃보다 더 아름다운
피보다 더 붉은
어머니의 사랑에 눈시울 적신다

울 엄마는 초능력자

울 엄마는 초능력자
내가 전화하면 목소리만 듣고도
우울할 때와 기쁠 때를
아플 때와 건강할 때를
귀신같이 알아차리는 능력자

엄마는 가녀린 초능력 하나로
자식 근심 걱정에
달팽이 더듬이 같은 촉수를 대고
얼마나 아프고 힘든 세월을
홀로 견디시며 살아왔을까

그래서 난 숨소리도
목소리도 조심해야 한다
안 그러면 엄마는
밤새 잠 못 드시고
아련한 가슴으로 소리죽여 우신다

고향

어머니처럼 아련한 고향
언제나 마음 기댈 수 있는
어머니가 계신 그곳

오늘도 동구 밖에 서서
자식 기다리던 어머니 마음
그래서 더 그리운 고향

찾아뵐 때마다
반가운 웃음으로 맞아주시던
꽃처럼 아름다운 어머니 얼굴

잰걸음 찾아간 고향 집
어머니 사랑으로 열려있는
싸릿가지 사립문에
포근한 사랑이 걸려있네

내 고향엔 어머니가 계시고
어머니 계신 곳이
언제나 가고 싶은 고향이었네

이제는 갈 수 없는 고향
불러도 대답 없는 고향
내 마음속 깊은 곳에서
끝없이 메아리치는 고향

부모님의 분신

부모님의 살과 피를 나눠 받은
나는 부모님의 육체적 분신
생명의 첫 울음 속에 담긴
그분들의 사랑과 기다림이었다

한 겹 한 겹 몸을 이루는 세포마다
어머니의 품 아버지의 손길이 스며 있고
내 몸의 온도와 맥박에는
그분들의 삶과 인내가 흐른다

부모님의 유전자를 물려받은
나는 부모님의 영적 분신
말없이 비추는 눈빛 하나에도
세월이 깃든 가르침이 서려 있다.

삶의 고비마다 전해주신 말씀은
혼돈의 길을 밝히는 등불이었고
나의 바른 뜻과 생각이
곧 그분들의 마음임을 알게 된다

기도와 정성으로 돌보시는 부모님
밤을 낮처럼 지새우며
내 아픔 하나에도 마음 졸이고
내 웃음 하나에도 기쁨 넘치셨다

자식을 위한 부모님의 마지막 가르침
그 깊은 뜻을 이제야 마음에 새기며
나는 부모님의 진실한 분신으로서
오늘도 고개 숙여 감사의 길을 걷는다

아버지의 마음

아버지의 발걸음은 늘 무거웠습니다
왜 신발을 끌고 다니냐고
말씀드리는 것도 이제는 포기했을 즈음
아버지의 그림자조차 지쳐 있습니다

하루도 쉴 수 없는 생활 전선에서
나 하나의 힘든 삶은
가족만 생각해도 힘이 솟아
늘 천하장사처럼 보이려 했고

돌아서서 가슴을 쥐어짜는 아픔을
홀로 감추고 살았습니다
구급차 실려 오시는 날 아버지는
장기를 절제하고서야 침대에 누우셨습니다

장기가 썩어 가는 것도 잊게 해 주는
원동력은 아버지의 사랑이었습니다
이제는 조금 내려놓을 만도 하건만
쓰러지는 날까지 가족을 위해 일하는 것이
숙명인 양 살아오신 아버지

집안의 기둥이자 가족의 원동력인 아버지는
누워서도 괜찮은 양 안색을 곱게 하며
끝까지 자식에게 짐이 안 되려고
병든 몸 추스르며 괜찮다고 하십니다

내 마음의 천국

천국은
하늘 끝에만 있는 걸까
아니 어쩌면
내 마음 깊은 곳에도 숨어 있을지 모른다

평안 화평 평강 안식
나눔과 사랑 행복과 자비
온유 겸손 기쁨 용서
배려 양보 인내 위로
이 단어들만으로도
마음은 금세 황금빛으로 물든다

그 반대의 말들은
얼마나 거칠고 차가운가
지옥의 언어일 것이다
만약 세상이 천국의 말로 가득하다면
지옥조차 천국이 되지 않을까

그래서 나는 먼저
내 마음의 천국을 찾아
작은 친절과 온유로 세상를 밝히며
속삭이는 평안 속에 나를 눕힌다

어머니의 상추

오늘도 어머니는
아기 상추가 많다며
봉지마다 정성스레 나누어
내 손에 쥐어 주신다

그 속에는 단순한 채소가 아닌
자식을 향한
천사의 마음이 담겨 있다

상추를 씻으면
잎에 맺힌 맑은 물방울이
새벽 이슬처럼 구르며
희망과 평화를 속삭인다

그 향을 맡으면
어릴 적 밭에서 뛰놀던
순수한 기억이 되살아나고
그때도 어머니는
항상 내 곁에 계셨음을 깨닫는다

그 상추를 된장에 찍어
한 입 베어 물면
풋풋한 향과 사랑이
온몸으로 퍼져 나간다

그 순간 나는 안다
어머니의 사랑은
멀리 있지 않다는 것을
그 사랑은 지금도
여기 내 마음 속에
환하게 살아 있음을

철쭉

철쭉꽃으로 불붙는 산허리
봄의 마그마가 흐른다

어두웠던 회색 외투 다 벗어던지고
꽃길 따라 흐르는 붉은 정열

온 산은 핑크빛으로 물들고
꽃무리에게 점령당한 가슴

태워버려라 삶의 응어리들일랑
하늘로 오르는 저 철쭉 사닥다리처럼

산 능성이마다 고이는 눈물
꽃잎 손수건으로 닦으며

봄산을 오른다
아미까지 붉게 잠기는 산마루

봄비

봄비가 보슬보슬 내려
마른 땅에 생명을 불어넣는다

온 땅이 수분을 듬뿍 받아
지렁이 꿈틀거리듯 부풀어 오르면
꿈틀꿈틀 생명의 움직임이 바빠지고
나무줄기 물오름 가지마다 촉촉 스며들어
푸른 잎새 기지개를 켠다

담장 밑 노란 민들레 아씨
하늘 쳐다보는 함박웃음 따라
조금 있으면 아기 개나리
노란 꼬까옷 입고 재롱잔치 시작하고

산과 들에 진달래 영산홍 철쭉
무더기 꽃 피워 무지개 세상을 열면
기다리던 내 희망도 돌아오겠지
겨우내 마른 가슴 애태우던 사람
저 봄비 속에 찾아오면 좋으련만

봄비는 빨리빨리 꽃을 피우라고
사랑의 단비를 재촉하고 있네

봄 꿈

봄이 오면 기지개를 켜는 땅
그 땅끝에서 봄을 캐는 아지랑이

따뜻하게 품어주는 봄볕 아래
봄 내음 가득 품은 냉이랑 달래

나뭇가지마다 힘찬 물오름
가지 끝에 새순 돋는 해맞이

개나리 진달래 참지 못하고
감추었던 고운 자태 드러내면

시샘하듯 터트리는 봄 꽃망울
내 가슴 피어나는 봄 꿈 하나

봄이 오는 소리

봄이 오는 소리
새색시 사뿐사뿐 발걸음 소리

나무마다 물오르는 소리
새싹 기지개 켜는 소리

깊은 계곡 얼음 터지는 소리
소란스러워지는 시냇물 소리

앞마당 꽃망울 터지는 소리
개구리 깨어나 몸 씻는 소리

아 겨울 숲 도롱이 벗는 소리
봄 들녘 초록 원피스 입는 소리

봄이 오는 소리에 놀란
콩닥콩닥 심장 뛰는 소리

봄 마중

봄 마중을 간다
시린 겨울이 언제였는가
벌써 봄볕 따스한 공기가
솜이불 속처럼 포근히 스치고

한층 얇아진 옷 두께에
가벼워진 몸의 열기가
아지랑이처럼 날아오르면
꽃길 걸어오실 임

겨울이 추워서 못 오셨다면
움츠린 마음 봄볕으로 녹이고
나비 걸음으로 오실 그대여
임 마중을 간다

벚꽃

연분홍빛 꽃망울 봄비에 세안하고
내리는 햇살에 반짝이는 눈부심

벚나무 우아한 도포자락 휘날리면
꽃 세상으로 달려가는 발걸음
바람마저 향기를 실어 나른다

한눈에 반해 버린 내 마음
연분홍 꽃잎 저고리에 감추었네
그 마음은 살며시 흩날려
하늘마저 붉게 물들이고

길가에 쌓인 꽃잎 위를 걷다 보면
어느새 발끝에도 봄이 내려앉는다
잠시 멈춰 서서 올려다본 하늘 속
흩날리는 꽃비에
지난날의 그리움까지 피어난다

6월의 장미

6월이 오면
한 송이 꽃으로 붉게 피어나는
장미꽃 전선을 기억합니다

산천을 울리는 포성
핏빛 불꽃으로 붉게 물든 밤하늘

총알을 뚫고 전진하는
붉디붉은 마음
막 피어나던 장미꽃봉오리

조국을 위해 산화한 임들이 있었기에
지금 우리 대한민국이 있고
6월의 하늘 푸른 계절로
감사가 넘치는 오늘

장미빛 보다 더 붉은
애국 애족의 마음 한 조각
뚝뚝 피처럼 흘리면서 떠난 임들이여

찢겨져 철조망에 나부끼는 우리의 소원
장미 꽃잎은 실향의 눈물에 젖고
하얀 나비들은 녹슨 철모에 내려앉고
통곡은 6월의 산하로 폭포처럼 쏟아지는데

우리의 몫임을 기억합니다
통일의 노래에 맞춰 신명나는 춤사위
붉은 장미꽃밭을 가꿔야 함을 기억합니다

가을과 바람

불가마 찜질하던 무덥고 습한 공기는
남쪽 나라로 밀려가고
아침저녁 신선한 바람의 살결

비오는 날 모종을 사서 심으며
열매 기대하던 날이 엊그제 같은데
햇살 가득한 늦여름부터
줄기마다 탐스러운 고추가 주렁주렁

무엇이든 잘 말린다는 가을 햇빛과 바람
어젯밤 느닷없이 쏟아붓던 소나기에
널어 말리던 고추 젖을까 가슴 쓸어내렸다

한 개 밖에 안 열린 옥수수는
따고 나니 키다리 줄기대만 남았는데
자리만 차지하고 잎만 무성한 옥수수
미워지려 하는 마음 수고했다 다독이고

이렇게 깨끗하고 시원한 가을바람
공짜로 마음껏 받는 얼굴 마사지
사랑하는 연인의 속삭임처럼
오래 머물도록 내 곁에 간직하고 싶다

9월 가을밤

갈색은 점점 더 깊어가고
귀뚜라미 울음은 더욱 커져간다
작은 몸집에서 흘러나오는
천하를 울릴 듯 장엄한 소리

뜨거운 태양 아래
속이 차오르는 벼이삭
과실들은 더욱 달콤한 즙을
껍질 속에 가두고

익어가는 과일 향기는
벌써 마음을 사로잡고
낭만이 물드는 가을밤은
누구든지 사랑할 수밖에

가을이 익어가는 밤은
귀뚜라미 소리와 함께
속이 탱글탱글 차올라
알차게 여물어 간다

가을

9월의 문을 살며시 여니
가을이 서 있다

가을의 색은
누렇고 붉은색

가을 느낌은
포근한 어머니 품

가을 인심은
지나는 나그네 불러서 먹이는 정

가을 노래는
풍년가를 부르는 바람

어느덧 나도 가을의 분신
9월의 문지기가 된다

허수아비

한여름 불볕더위가 한풀 꺾이고 나면
누렇게 무르익은 오곡 고개 숙이고
단맛에 먹음직한 색깔을 뽐내는 백과

이제 새들과의 전쟁
허수아비가 전선에 등장하고
물샐틈없는 수비에 철통같은 방어

깡통을 달고 요란한 소리를 내어 쫓아도
영리한 새들 금방 알아차리고
같이 먹자고 공중낙하 하면서
가장 맛있고 잘 익는 것부터 공격하는데

요즘 허수아비는 그냥 허수아비가 아니다
맞춤형 인공지능으로 무장하여
정확히 음파를 쏘고 장풍도 쏘는
로봇 허수아비의 대반격이 시작된다

허수아비가 살아있다니
새들의 동선을 미리 예측하여
새 머리를 돌 머리로 만들어버리는
저 허수아비는 황산벌 계백장군 아바타

새들아 미안하다
앞으로 허수아비를 존경하고 따르면
평화의 안식과 사랑의 음식이 있으리라

낙엽 이별

가을이 갈색으로 물들고
나무 사이로 스치는 싸늘한 바람에
나뭇잎은 동그랗게 춤추며
나무와 애틋한 석별을 나눈다

나뭇잎 바람결에 우는 소리에
나무는 이별을 아는지 모르는지
바람은 리듬을 나뭇잎에 실어
환상의 호흡으로 이별 노래 부른다

나뭇잎은 아름다운 갈색 옷으로
고운 맵시 나게 갈아입고
새처럼 날개 단 듯 자유를 찾아
갈색 바람 타고 날아다닌다

가로수 길과 공원 벤치 위로
찌그러진 원을 그리며
노를 저어 뱃노래 부르며
아주 신나게 가뿐히 내려앉는다

주말농장 갔다 오는 나의 발걸음도
낙엽과 바람의 춤사위에 맞춰
신나고 경쾌한 것은
낙엽의 이별이 서럽지만은 않은가보다

가을 빛

깊고 깊은 가을 하늘
겉보다도 속이 더
파랗게 물든 하늘

온갖 과일 달콤한 맛 들여놓고
노랗고 빨갛고 주홍빛 색칠하는
가을 너는 장난꾸러기

뒷담 푸르던 나뭇잎에
새빨간 물감으로 덧칠해서
나무 아래 뚝뚝 떨어지는 물감

바람의 장난기 어린 놀이에
고운 색 이리 뒹굴 저리 뒹굴
한바탕 화려한 야단법석

가을은 아마도
세상의 모든 색과 빛을
한꺼번에 뿜어내는 계절

한가위

오곡백과 넘실대는 황금 들녘
누렇게 고개 숙인 가득 찬 알곡들

굵은 포도송이의 하얀 분가루에
침샘이 열리고

집 앞 담장을 넘어 붉어가는 대봉감은
그리운 고향의 정경

즐거움도 어려움도 함께 나누는
따뜻한 인정

한가위 둥근 보름달은
풍요와 안락을 내려주는 착한 마음

가을이 가을답게 익어가는
매사가 한가위만 같아라

보름달 한가위

언제나 한가위 추석은
동네방네 잔치 집
땀 흘려서 가꾸어온 오곡백과
아름드리 수확하고

정성 들여 준비하는
맛깔스러운 명절 음식들
가장 좋은 과실과 곡식
차례상에 올리며 큰절하고
조상님께 은공들이네

가족 친지 모여서
인사하고 덕담하고
서로서로 웃음 지으면
온 나라가 흥겨운 잔치집

백의민족 보름달 마음씨
가시 돋고 모가 난 곳
너도나도 두리둥실 갈아서
강강술래 돌면서
보름달 한가위를 맞이하세

농악놀이

논밭에 봄 종달새 떴다
두레꾼들 빠짐없이 행차해라
우리민족 고유의 하얀 옷에

색동 줄로 치장하고
하얀 꽃 장식한 고깔모자
상쇠 잡이 꽹과리 장단 시작으로
장구치고 북치고 징을 울려라

고된 농사일 엎드렸다 펼 적에
긴 초리 달린 상모 어서 돌리고
아낙들은 소고 치며 춤을 추어라

풍년은 거저 오지 않는다
서로 돕는 상부상조 한마당
마당 굿에 혼을 실어 돌아라

깨갱 깨갱이 덩더쿵 징징 덩더쿵
맺힌 한일랑 농악 가락에 날려버려라

욕심 없는 백의민족 맑은 마음
힘써서 일하고 뿌린 대로 거두면서
이웃을 가족처럼 서로 돕는 기쁨

만장 들고 풍물 따라 도노라면
지신 밟아 누르고 조상신 승천하네
온 백성들 근심 걱정 없이
태평성대 이루어 달라고

풍악을 울려라 춤사위 불을 지펴라
봄 마을 아지랑이 피어오른다

태풍 종달이

올해 첫 태풍 온다는 소식에
벌써 가슴에 들어차는 걱정
태풍이 오면 서러운 사람들은
힘들게 사는 가난한 서민들이다

태풍이 지나고 나면 뉴스에
재산피해 인명피해 안타까운 소식들
그러나 종다리 태풍은
도심에 비만 뿌리고 조용히 지나갔다

매년 큰 폭우 소식이 들리면
두려움에 떠는 반지하 창문에
종달이의 빗줄기 시원스럽게
안심하라는 듯 노래하며 두들기네

어느 소녀의 기도가 하늘에 닿았는가
태풍은 스스로 소멸하고
그 여운을 끝으로
종달이가 마지막 작별 인사하네

한 식경 시원하고 반갑게
물 폭탄을 선물하고 가는
아름다운 종다리 태풍은
이름처럼 하늘나라 천사 되어 날아갔네

구름 위를 걷다

구름 위 세상은
온통 설산처럼 하얗다
구름은 뭉칠수록 더욱 하얗고
흩어질수록 회색으로 어두워져

솜뭉치 둥실둥실 떠서
어디로 몰려가나
산다는 것도 구름 위를 걷듯이
허공을 떠다니는 것일까

맑게 갠 하늘 아래 옥색 바다
홀로 남아 따라가는
엷은 조각구름은
아무도 없는
망망 대천을 길 잃고 헤매는데

우리는 어디로 떠도는가
구름 아래에는
삶의 애환이 빼곡하고
구름 위 세상은
다 내려놓으라고 한다
훨훨 구름산을 걸으라 한다

이름꽃 마을에 가면

대전 동구 대청호 끝자락
나지막한 산세에 휘감긴 오지 마을
가을 황금빛에 젖은 갈색 담장 너머
주인 잃은 감이 진홍빛으로 물들고
밤송이는 바람결에 가시 돋으며
"나 건들지 마라" 소리치고 있다

경로당 앞 이장님께 인사하니
옆 노인이 반갑다고 손짓하시네
그제야 이장님 깜짝 놀라며
"내가 이장이여" 하며 반겨주시네

잊혀져 가던 오지 안아감 마을에
이름꽃 화가 부부가 둥지를 틀었네
붓끝으로 지친 마음을 어루만지고
상담으로 아린 상처를 치유하는
이름꽃 미술관이 포근히 반기고 있구나

이름에 꽃과 새와 물과 산을 담아
생명을 불어주는 화가의 손길 아래
저마다 애환과 사연을 풀어놓으면
어느새 이름꽃이 한구절 시와 함께
나만의 멋진 시화 캔버스로 탄생한다

산만한 흑구와 반쪽 황구가 마당에서 반겨주고
산과 들판을 벗 삼아 느린 삶을 체험하고
세월을 낚는 시인처럼 노래하는 이곳
문화예술생태 마을로 고요히 숨 쉬고 있네

오늘도 상처받고 헝클어진 마음을 안고
누군가는 마을 문을 두드린다
이 마을 이름꽃 미술관에는
치유의 붓끝이 고요히 기다리고 있네

보름달

언제 보아도 보름달은 넉넉한 부자
화냄도 없이 입가에 가득한 미소

황금빛 거울 창문에 걸어 놓고
온 집안을 밝게 비추는 보름달
전깃줄에 걸쳐서 소야곡 악보도 되고
가로등과 함께 탱고를 추는 길거리 춤꾼

어두운 골목길도 같이 걸어주는
호롱불 친구가 되고
시골집 창호지 문에 등잔불이 되어
고운 얼굴 비춰주는 달님

보름달 뜨는 날 할머니는
뒤란 장독대에 정화수 떠 놓고
공부하러 도시로 간 손주 성공하라고
빌고 빌던 소원 꼭 들어줄 것 같았는데

그 보름달 예나 지금이나
과학이 발달해 신비감이 사라져도
어머니 품속 같은 넉넉한 풍요로움은
늘 우리 가슴에 희망으로 살아 숨 쉬고 있네

위로

어제는 먹구름
통곡의 소나기
눈물 같이 쏟아 주고

오늘은 하늬바람
눈물 젖은 마음을
햇빛에 말리고

내일은 코발트 빛 하늘
솜털 구름 방망이로
어깨를 토닥여주리

향기 나는 사람

꽃향기는
바람이 지나고 나면 알고
사람의 향기는
그 사람의 뒷모습에 어려있다

말에도 대답에도 미소를 주는
마음의 향기로움은
모난 것을 둥글게 하고
언 마음을 따뜻하게 하네

두려움도 향기에 녹아내리고
슬픔의 눈물도 향기로 말려져
향기 나는 사람이 지나간 자리는
사람들이 모여 사는 숨 쉬는 세상

향기는 어디에서 오는 걸까
그것은 감사하는 마음에서 오고
감사하는 마음은 선한 겸손과
너그럽고 온유한 인품에서 나오네

눈도 눈물이 있나

눈도 자리가 있나

교회 첨탑에 내려앉는 눈
대웅전 지붕 위에 쌓이는 눈
장독대에 소복이 덮이는 눈
거름 밭에 내리는 눈

그 어디에도 마다하지 않는 눈
그 무엇도 차별하지 않는 눈
싫다고 벗어나지 않는 눈
더럽다고 거부하지 않는 눈

숙명인 듯 녹아들고
세상을 하얗게 덮어주고
모든 것을 포근히 감싸주는
눈은 천국의 이불

온몸을 내어주고도
소리 없이 흘러내리는 눈
모든 것을 사랑하고도
말없이 떠나가는 눈

눈도 눈물이 있나

달맞이꽃

햇살 가득한 한낮에도
나는 늘 달님을 기다리며
졸음 속에 고개 숙인다

바람은 장난치듯 내 잎을 흔들고
벌과 나비가 스쳐 지나가도
내 마음은 오직 밤으로 향한다

드디어 어둠이 내려앉는 순간
나는 살포시 고개를 들어
속마음을 노랗게 열어 보인다

모두가 잠들어 고요할 때
내 작은 그리움 같은 꽃잎은
홀로 서서 외로운 벗을 기다린다

달빛은 멀리서도 나를 알아보고
황금빛 미소를 살며시 내려주며
나의 작은 그리움을 보듬어준다

그대의 변함없는 달 마중에
나 또한 변치 않는 마음으로
밤마다 노랗게 피어나
반짝이는 눈망울로 노래한다

이토록 오래 변함없이 순수하게
매일 달을 품고 피어나는
나의 노란 눈망울은
어둠 속에서도 은은히 타올라
이 밤을 환하게 물들이리라

아침

새 아침이 밝았다
오늘도 귀한 하루가
다시 열림을 감사하며

무엇부터 시작할까
수많은 생각 스치지만
햇살은 가슴 벅차게 다가와
나를 일으켜 세운다

오늘 나에게 주어진 일들을
정성을 다해
섬세하게 친절하게
다정하게 야무지게
아름답게 고상하게

나에게 주어진 순간순간을
꽃밭 가꾸듯
소중히 경작 해야겠다

무궁화

민족의 충정이 담겨
심장처럼 붉은 꽃심

넉넉한 꽃술 가득히 열어
벌과 나비에게 꿀을 베푸네

고운 질서 지닌 꽃잎은
단정한 선비의 자태 같고

매일 새로이 피어나는 꽃
무궁한 민족 혼불로 피어나리

흙처럼 살자

판넬 창고 바닥으로
끊임없이 스며드는 빗물
밖에 물이 나갈 수로가 없네

창고 밖에 콘크리트를 깨고
땅을 파서 커다란 웅덩이를 만들어
플라스틱 양동이 밑바닥에 구멍을 내고
땅속에 묻어 우물을 만들면
이제 아무리 비가 내려도 걱정이 없네

한 식경 동안 앞이 안 보이는 폭우에도
창고 바닥을 뚫지 못하고
우물처럼 고였다가 땅속으로 흘러서
지하수에 섞여갔을 것이다

콘크리트도 좋지만
자연 배수되는 흙이 물길이다
두려운 비도 수로를 관리하면
고마운 비로 바뀌게 되고

우리 마음이 콘크리트처럼 견고하면
미움이 넘쳐 피해를 주지만
우리 마음이 흙처럼 온유하면
사랑이 비처럼 풍족히 흐를 것이다

나는야 원양어선

1년 365일 쉬지 않고
오대양 육대주 헤치고 다니는 인공 섬
내 친구 바다는 영원한 놀이터
언제나 신나는 우리 집 앞마당

선실에 편히 앉아 쉴만하면 시기심 가득
나를 흔들어 대는 야속한 파도지만
어린 아기 잠재우는 요람 같은
포근한 흔들 그네가 되고
놀이공원 출렁거리는 마술 같은
짜릿한 미끄럼틀도 되고

수평선 너머 눈부시게 울려 퍼지는
바다의 푸른 교향곡을 들으며
대서양 태평양 인도양 지나
성난 파도와 거친 비바람
이글거리는 태양 뜨거움을 가르고
마침내 도착한 약속의 땅 부산

나 같은 형제 배가 너무 많아
대기 항구에 누워서 기약 없는 기다림
낯익은 갈매기 소리와 부산 사투리
나의 고향은 울산 조선소
나를 만들어 준 근로자들이 생각나고

나의 가족 같은 친구들
지금은 뿔뿔이 흩어져 제 갈 길을 떠나갔지만
언젠가 바다목장에서 다시 만나리
서로의 깃발 나부끼며 반갑게 만나리

고마운 비

비가 내려
온 하늘 미세먼지
깨끗이 씻어 내리고

먼지처럼 막혀있던
내 마음의 잡념도
함께 씻어 내리고

푸르른 잎사귀
나뭇가지마다
더 단단히 뿌리 내리고

비가 때려 몸살 나도
자양분 머금은
고추 순 가지 순
꼿꼿이 하늘로 솟는다

구름처럼 살다가

저기 푸른 창공에 떠가는 구름
깃털처럼 가벼운 영혼
몸도 영혼처럼 가벼워져

욕심은 육신에 있는 것
무엇을 위해 또
무거운 욕심을 채우려는가

움켜쥐는 것이 차고 넘쳐도
늘 부족함에 풍요를 갈망하는
사람의 끝없는 욕심

아무것도 걸치지 않고
자유롭게 떠도는 구름
욕심 없는 영혼을 보아라

비가 되어 내려도 염려 없어
땅이든지 바다든지
발 닿는 곳이 내 집이거늘

천렵

무더위 피한 서민들
대전 근교 조용한 다리 밑
예전엔 거지들의 안식처였으나
이제는 지친 삶 달래는 아늑한 보금자리

개천에서 용이 난다 했던가
황금빛 용은 간데없고
푸른 이끼만 하늘 꿈꾸며
승천 준비에 몸을 흔든다

생활폐수 축산폐수 뒤엉켜
바닥은 이미 이끼의 천국
그나마 다행인 건
산속 물줄기 맑게 흘러
청량한 산소를 실어 나른다는 것

옛 추억 불러 물속에 어항을 담근다
페트병 거꾸로 끼우고
밑바닥 숭숭 뚫어내면
어릴 적 놀던 멋진 어항 하나

떡밥은 미끼의 생명이라
어분 반죽 고이 빚어 붙이고
어항을 흐르는 물속에 가라앉히고
돌 몇 개 얹어 숨을 고른다

동네 물고기 다 몰려와
문전성시 이룰 꿈에 젖어
불 지피워 솥에 물 끓이며
매운탕 준비에 군침 삼킨다

한 시진 후 찾아간 어항 속
와, 대박! 겨우 한 마리
영특한 놈들은 다 도망가고
무지몽매한 녀석 하나만
떡밥 뜯다 어항 속에 갇혔구나

너마저 없으면
내 체면 어디에 두랴
체면 살려줘서 고맙고
혼자 가둬 미안하다
이제 풀어주마
유유히 흘러가라
작은 생명아
행복하게 자유롭게 살아라

갈치와 감자

서귀포 앞바다 은빛 갈치와
제주도 주먹 감자가 만났네
냄비 속에서 서로 서먹서먹 외면하다가

끓는 물속 의기투합 탈출을 시도하지만
탈진한 물아일체 갈치조림 되었네

갈치야 잘 가거라
감자야 다음 생에 만나자

우리는 영원한 맛집의 제물
우리를 포식하는 먹보들이여
아프지 말고 건강하게 잘 살아라

용담호 연가

큰 물줄기를 댐으로 막아
우리나라에서 다섯째 가라면 서러운
진안 용담 호숫가 산장에서
저무는 저녁노을을 바라보며
두 신선의 대화를 엿들었다

어쩌 성시인
저 호수가 생길 때
많은 마을이 물에 잠겨
수몰된 고향을 떠난 사람들이 많았거든
내가 늘 호수를 바라볼 때마다
저 물은 냇물과 빗물뿐 아니라
실향민의 눈물이 보태졌다고 보여

성시인 내 말이 어찌
맞아요 김선배님
저도 호수에 손 담그고 보니까
물의 입자가 세 가지로 다르더군요
냇물 빗물 푸른 색상 사이에서 울부짖는
맑은 색깔의 눈물이 헝클어져
아직도 고향을 그리워하는 사람들의
망향의 노래가 들려오고 있었어요

정말 그럴까
나 홀로 가만히 내려 선 호숫가
바람이 불 때마다 선명하게 일렁이는
고향 떠난 이들의 부피 큰 눈물이
내 가슴엔 서러운 망향가가 아닌
옛 사랑을 부르는 사랑 노래로 들려왔다

* 성시인: 겨레시인 성재경
* 김선배: 두꺼비 산장 주인, 김완근 시인

용담호 사랑

용담호 품은 지장산 자락에 뿌리내린 인삼
진안홍삼으로 빚어지는 무더운 여름 땀방울
아침 운무 따라 오르는 향기의 구름

용의 모습으로 자태를 들어낸 용담호
햇살에 투영된 지장산 그림자는
용을 품은 채 호수에서 헤어나지 못하고

인적이 드문 용담호 댐 휴게소 백구
손님 기다리다 졸고 있는 노부부 곁에서
더위 지친 낮잠 깨어나 기지개켜면

구닥다리 카세트테이프의 옛 노래가
청춘을 노래하며 노년을 읊어주고 있었네
노부부 아픔 없이 백년해로 하라고

호수

호수에 투영된 나의 외로움
손에 닿을 듯 말 듯
잡으려 발 담가 들어가려면
이내 물보라에 사라져간다

윤슬 따라 두둥실 떠오르는
아름다운 기억들
다시 호수 속에 잠기면
곱게 묻어 두었다가

추억이 떠오를 때마다
묻어 둔 아픔 슬픔 그리움
모두 기쁨으로 승화시켜
꽃무늬 미소로 마주하리라

호수는 흘러가는 그리움과
아름다운 기억 고이 간직하는
내 마음의 기억창고
맑은 물결 일렁이는 추억은행

시골버스

마을 골목길 누비는 시골 버스
돌담길 지나고 과수원 길도 지나
어미 소 한가로이 풀 뜯는 목장도 스쳐가고

울퉁불퉁 가파른 고갯길 오르락내리락
초행길 안내 방송 듣는 나그네의 시골버스

흔들흔들 덜컹덜컹
손잡이들은 열을 맞춰 신나있는데
모자 쓴 등 굽은 할머니
선한 미소 어리는 평온한 얼굴

구멍 숭숭한 현무암 담벼락
돌담 사이로 비치는 햇살은 따사롭고
초등학교 울타리 위를 걷는 까치

환승하려고 차에서 내리면
또다시 기약 없는 버스 기다림
하루에 다섯 번 오는 버스
시간을 놓아버린 마음의 여유

돌 틈 사이로 얼굴 내민 선인장 꽃
언제 올지 모를 버스를 기다리며
목을 길게 내민 모습 이심전심이네

사마르칸트 가는 길

타슈켄트에서 기차는
푸른 구릉을 가르며 네 시간 동안
사마르칸트로 달려간다

끝없이 펼쳐진 푸른 초원 위
햇살에 반짝이는 풀잎 사이로
바람이 속삭이고
작은 야생화꽃이 구릉을 수놓는다

한가로이 풀을 뜯는 소들
그들의 느릿한 숨결 속에
평화가 울려 나오고
철로 위 리듬 소리에
내 마음도 울려 퍼진다

연초록 새싹이 벌판위로 뻗어 나가고
길섶 나무들의 가지는
바람에 부드럽게 흔들리며
오아시스를 꿈꾸는 듯 속삭인다

모래 빛 황야가 초록으로 물드는 기적을
창밖을 바라보며 기도한다
신의 숨결과 인간의 발자취가
조용히 공존하는 세상
실크로드 위에서 나는
초록빛 순간의 기적을 만나리

침간산 만년설에 올라

비단길 텐산산맥 끝자락에
흰 모자를 두른 우람한 산 들이
타슈켄트 외곽을 병풍처럼 호위하고 있네
우즈베키스탄의 영봉 침간산

택시 타고 다시 곤돌라 타고 올라온 설산
더운 여름에 눈을 밟고 속세를 굽어보니
별천지 신천지가 따로 없구나
태극기 연을 실에 묶어 날려본다
한 민족 기상 영원히 무궁하라고

한여름 흘러가는 흰 구름이
산봉우리 흰 눈과 어우러져
온 천지를 하얗게 물들이고
나그네 머물렀던 발자국은
뜨거운 햇살 속으로 이내 사라진다

만년설은 쉬지 않고 흘러나와
하늘과 민족을 이어주는
생명의 발원지가 되어
온 산하를 적셔주는 젖줄이 된다

저녁 노을에 붉은 구름이 산허리 감싸면
설산은 하얀 이불을 내어 주며
포근한 어머니 품으로 들어와
같이 잠들자고 손짓을 하는구나

파도의 꿈

수평선 너머 꿈을 싣고
끝없이 밀려오는 파도의 반란

바위에 부딪치는 난관이 오면
차라리 물방울로 바위를 깎으리라

가녀린 물결로 천년만년 부딪혀
집채 바위에 예술작품 만들고

큰 바다로 돌아가는 하얀 포말들
앞을 막지는 말아야지

내 마음 푸른 파도에 띄워
더 큰 바다를 꿈꾼다

순덕이와 대박이

언제나 기다림에 남쪽만 바라보다가
겨울 따스한 햇살에 배를 깔고 늘어지면
세상 부러울 것 없는 낭만이여

서로를 아끼고 도와주는 마음은 간데없고
혼자서 호의호식하려고 질투하는 몸싸움
사이좋게 하나씩 나누어야 평화가 오는데

자유롭게 목줄 풀어달라는 간절한 눈빛
어디로 튈지 모른다는 생각에 잠시 망설이다
다음에 같이 동행하리라 눈빛으로 약속하네

하루 종일 무슨 생각을 하고 있는지
행복한 졸음에 잠기는 순덕이와 대박이
그래도 너희와 나는 운명의 동반자

언제나 너희들 마음의 고향은 진도
그리운 가족과 고향 보고파 멍멍
기른 정 보답하겠다고 맹세하며 멍멍

오늘 짧은 인생

새벽부터 늦은 밤까지
24시간 하루는
내게 주어진 짧은 인생

고요히 자던 잠에서 깨어나
나의 하루는
어떤 의미로 시작 되는가

길고도 짧은 우리 인생이
오늘 하루에 담겨 있어
나는 또 하룻길을 가야하는데

시간의 수레에 목줄 맨 채
끌려가면 안 되는
소중한 나의 하루여

오늘 하루가 마지막 삶이라
생각하고 산다면
오늘 짧은 인생 무엇을 하고 살까

오늘은 나의 길을 가자
그냥 삶의 연속선상이 아닌
나만의 영원한 하루를 살자

인생은 새옹지마

안 된다는 말은 하지 마세요
늦었다는 말도 하지 마세요
이제부터 시작이니까

실패도 할 수 있고
좌절도 할 수도 있어
미래는 모두에게 다 처음이잖아요

용기를 내요 희망을 꿈꿔요
나의 행복한 미래를 위해
멋진 삶의 노래 행복한 노래를 불러요

사랑도 해봤잖아요
눈물 젖은 이별도 있었잖아요
바보같이 펑펑 울지 말아요
다시 예쁜 사랑을 만들면 되잖아요

아파 말아요 슬퍼 말아요
여름이 지나면 가을이 오듯
겨울이 되면 다시 봄이 오듯
인생은 새옹지마

비 온 뒤에 땅이 굳고
밤을 견뎌야 내일 다시 빛나는 햇살이
두 팔 활짝 열고 기다리고 있듯이

잊지 말아요 약속 해줘요
내가 서 있는 자리에서
지금 다시 시작하는 거예요

덤으로 사는 인생

우리가 순간순간 살아가는
너무도 귀한 시간을
천년만년 살 것처럼
무의미하게 보내고 있지는 않은가

마지막 유명을 달리하는 사람들의
1분 1초는 얼마나 소중할까
만약 나의 마지막 순간을 알고 있다면
내가 무엇을 해야 할까

너무 욕심내지 말고
소중한 사람들에게 더욱 더 잘해 주고
내 주변 사람들이
나로 인해 더 행복했으면 좋겠다

내가 만나는 이웃들에게
안 먹어 본 것도 먹여 주고
안 해 본 것도 해 보도록 도와주면서

내 삶이 덤으로 산다고 생각하며
모든 것에 조건 없이 감사하고
나의 도움이 필요한 곳에
내 작은 수고로 행복을 심어주어

매 순간 순간이 마지막 사랑
내가 그들의 손을 놓을 때
후회 없이 살았노라고
웃음 지으며 떠나고 싶다

우리 함께

그리움과 기다림에 서역하늘 바라보다
따스한 봄 햇살 머리에 이고 꾸벅 졸면
이역만리 고향의 영롱한 환상이 스며오네

서로 믿고 사랑하며 도와주는 정성
눈으로 가슴으로 따스하게 보듬어 안고
서로를 보살피며 사는 작은 행복

그리움 찾아 고향 가고 싶은 애절한 눈빛
언제 떠나야 할지 고민하는 날들
함께하는 동반자 만나면 고향 찾아가리라

하루 종일 가족 생각에 잠기다가도
매일 밤 꿈에서 고향에 달려가다가도
우리는 동병상련 향수병을 안고 살아간다

떠나온 고향 부모 형제 보고플 때마다
사랑으로 보살펴 주는 다문화 가족이 있어
오늘도 서로 얼싸안으며 따스함을 나눈다

인생 역사

인생에 좌절이 없다면
인생이 아니다
역동적인 인생이 역사를 만들듯이

어떤 고난과 실패에도 꺾이지 않고
다시 살아나 성공한다면
세간의 주목을 받으며
성공한 인생의 본보기가 된다

실패 없이 늘 편안한 인생은
도전과 재기를 엿볼 수 없고
고난과 좌절이 없다면
진정한 성공을 이룰 수 없기에

파란만장한 삶을 역전한 인생은
주인공을 영웅으로 만들고
미래 삶에 도전과 희망을 주는
이 시대의 살아있는 역사가 된다

그리움을 남기자

인생은 끝이 없는 외로움
벗어나고 싶어도
빈 의자처럼 남아서
다시 외로움이 되고 만다

차창 너머 황량한 산과 들
철 지난 마른 나무마저 소슬한데
내 인생 열차는 무엇을 찾아
저 구름역을 향해 달려가는가

다정했던 친구들
정겹고 따뜻한 우정 속에 머물고
아름다운 추억의 여인
잊지 못할 사랑으로 스며 있는데

훗날 다시 만날 인연을 위해
그리움을 남기자
언제나 눈물처럼 간직해 오던
외로움도 바람결에 묻어 두자

낙엽 이야기

무덥고 눅눅한 여름바람
쓸쓸히 저 멀리 떠나가고
시원하고 소슬한 가을바람
외로운 내 가슴을 스치면

끝없이 윤회하는 숨결 속에
철마다 돌아오는 자연의 순리
나의 계절도 어느새 가을에 머문다

세월의 바람이
낙엽을 스치듯 흘러가도
낙엽은 살포시 사연을 들려준다

나무와의 이별 끝에
허공을 맴도는 낙엽처럼
우리도 인생의 사연을 남기고

가슴에 내려앉은 한 장의 낙엽이
조용히 들려주는 애달픈 사연은
다시 피어날 새로운 삶의 지평이 된다

새벽 소리

아침이 오기 전에도
새벽을 깨우는 소리들이 있다

남들보다 먼저 일어나
사람들이 걸어갈 하루의 길을
아름답게 밝혀 주시는 분들
쌓인 먼지 날리는 빗자루 소리

밤새워 일하시고 퇴근하시는 분들
새벽의 빗장을 여는
무거운 듯 경쾌한 발걸음 소리

새벽 선잠 눈 비비시며
자식들 따뜻하게 먹으라고
밥 지으시는 어머니의 쌀 씻는 소리

새벽마다 신문을 넣어주시는
고마운 아저씨의
자전거 페달 밟는 소리

오늘도 새벽 소리가 있기에
밝은 아침 상쾌하게 하루가 시작된다

색소폰 연습

난생 처음 불어보는 색소폰
가느다란 갈대 리드 하나
리가춰에 단단히 묶어주고
입술로 물어 불면
작은 떨림이 성대처럼 울리네

마우스피스를 몸통에 끼우면 준비 끝
쇠붙이 무거운 몸은 목걸이에 걸고
왼손 오른손 단추를 눌러보지만
원하는 소리 쉽게 나와주지 않네

옥수수 피리처럼 도미솔
말로 할 수 있는 것도 아니고
그래 어디 한술에 배부르랴
연습만이 길이요 살길이다

입술이 부르트고 터지도록 불고
손가락은 시리게 얼얼해도
이 몸과 악기가 하나 되어야
비로소 맛깔난 소리가 나네

이제야 조금 색소폰 소리 같아
흐느끼듯 울고 바람처럼 퍼지니
몸은 지쳐 고개 떨구지만
내 귀엔 음악이 흐르고
나는 꿈나라로 여행을 떠나네

한복

직선을 옷섶에 감추는
곡선의 우아한 품격이 있다

한발 한발 내디딜 때마다
품위 있는 자태와 절제된 걸음걸이
누구든 한복을 입으면
자기도 모르게 단정해지는 마음은
먼 역사를 흘러온 겨레의 정기

옷감부터 산과 들과 강을 품고
곱디고운 색깔의 풀잎과 나무줄기
삶고 찌고 눌러서 뽑아낸 물감으로
자연과 한 쌍처럼 어우러진 천연색 옷감
겨레의 향기가 어리는 한 폭의 동양화

어린 날 뽐내던 색동저고리
나이 들면 선녀 같은 비춰저고리
연분홍 치마와 찬란하게 만나는
하늘색 두루마기의 기막힌 조화
세상의 옷들과 비교 불가한 아름다움은
자랑스러운 한국의 멋과 빛

국격을 높여주는 우리 한복은
한글과 함께 길이 보전해야 할
한민족의 영원한 유산이 아니겠는가

그리운 친구야

어릴 때 함께 놀던 친구는
멀리 떠나 마음속에 있고
시간은 나뭇잎 흔드는 바람처럼
벌써 저만치 가 있다

거울을 보며
아무리 되돌리려 해도
그 어릴 때 모습은 간데없고
낯선 모습에 멈칫거린다

세월은 가고 사람도 가고
마음 추스르려니 멀리 와 있구나
친구야 어디에 있든
서로 아프지 말고 건강하자

자주 만나지는 못해도
같은 하늘 아래 살고 있는 것도
가끔 목소리 들을 수 있는 것도
감사하며 살자구나

만일 너라도 없었으면
허한 가슴 어디서 헤매는지
너는 내 가슴 깊이 자리 잡은
심장과도 같아서

네가 옆에 있으면
우린 늘 붙어 다닐 텐데
그리운 친구야
웃음 잃지 말고 행복해야 해

색소폰 소리

음치 박치인 나에게 음악이
무엇인가를 알게 해 준 악기
테너 색소폰 소리 알토 색소폰 소리

생각만으로 알던 음들을
현실로 드러내 주는
색소폰 소리의 깨우침

내 안의 잠재의식을 음악으로
풀어낼 날들을 그리며
색소폰 쓰다듬으면

인생의 희로애락을 담아낼
멜로디는 색소폰의 음률에 실려
모든 삶을 위로한다

쥐구멍

탁자 위 천중도 복숭아에 패인 자국
빠알간 속살에 얼룩진 검은 그림자
자세히 보니 쥐가 갉아 먹은 이빨 자국
아껴 먹으려고 탁자에 올려놓았건만

내 너를 반드시 잡아 복수하리라
하늘에서 떨어졌나 땅에서 솟았나
눈 중에서 보기 싫은 눈 쥐 눈
어딘가 숨어 있을 쥐구멍 찾으리라

온 집안을 샅샅이 장롱 이불 들춰 내니
유레카! 통신선 인입구에 세모 구멍이 있네
밤송이를 구해 틀어막으면 제격인데
창고에 찌그러진 양철 쪼가리로 구멍을 메꾼다

이제야 안심하고 복숭아 실컷 먹겠네
서생원 너를 잡아서 한 맺힌 복수는 못했지만
소중한 천중도 복숭아를 지킬 수 있으니
이번 쥐구멍 찾기에서 패자는 서생원이다

LED 등을 고치다

LED 전구가 수명을 다해서 깜박깜박
노인의 기억 아련히 흐려지듯 빛을 잃어가네

자식같이 매일 밤에 빛을 밝혀주던 동반자
어느 날 갑자기 죽어버리다니
이보다 더 큰 상심과 고통이 어디 있더냐
빨리 명의가 되어 너를 살리리라

분명 만든 방법이 있으면
고치는 방법도 있는 법
납땜질과 저항도 달고
PCB 기판을 수리하는 작업은
무더운 여름을 불태우는 인고의 열정

어두운 곳에 광명의 빛을 주는 LED 등불
죽은 LED 전등 고치는 일은 나의 소명
나에게 LED 등을 살리는 것은
명의 못지않은 하나의 기쁨이 되고

모든 전자 제품을 살리는 것은
손과 머리로 하는 것 같지만
따뜻하고 함께하는 마음이 먼저이리라

고장 난 선풍기

무더운 여름날 땀 흘리며
힘들게 열심히 돌아 충성을 다 하였건만
움직임을 멈춘 선풍기
이제 고장 나고 수명이 다 되었다고
가전 폐기 수거함에 내다 버리네

애달프고 아까워라
당당하게 쳐든 고개 늠름하고 멋있는데
얼른 데려와서 깨끗하게 얼굴과 몸 닦아주고
전기 꽂고 스위치 켜도 요지부동

도로 갖다 버릴까 하다가
분해해서 먼지 털고 부속품 새로 교체하니
어느새 누구에게나 사랑받는
날쌘 바람돌이 선풍기의 환생

어려운 이들에게 나눠 주면 재능기부
고쳐 쓰니 자원 절약 지구를 살리고
나의 재능이 희망이 되고 행복이 되어
선풍기처럼 시원한 여름날 하루

고장 난 TV에 생명을

경비실 앞에 버려진 커다란 구형 PDP TV
비바람 맞으며 보름 동안 방치되어 폐기처분 기다리네
48인치 대형이라 들어 올리기도 힘들지만
으라차차 힘을 내어 차 뒷좌석에 밀어 넣는다

네가 설 자리는 바로 교회 찬송가 전광판이다
교회에 자리 잡고 목사님의 은총을 받으며
메스나 칼 대신 드라이버 나사를 하나씩 풀어가며
개복을 하였더니 부품은 녹이 슬고 선이 뒤틀려있네

정성으로 부품을 깨끗이 청소하고 선을 정리하고
접속 부위를 탄탄히 결속하니 수술은 성공적
전원을 넣어 보니 반갑다고 인사를 하네
영상과 오디오 단자를 연결하자
꿈에 그리던 찬송가 동시에 흘러나오는 영상과 음악

여기 교회에 새 생명 얻으러 병든 몸으로 왔구나
이제는 주님의 은총으로 교회와 함께 생명을 나누리
오늘도 TV에서 울려 퍼지는 찬송가 소리에
목사님 기도와 함께 복음이 온 세상에 살아 퍼지네

에어컨 수리

에어컨이 멈춰 선 실내는
더위와 땀의 고통 지옥
벗어나기 위해 챙겨 드는 공구들

고장의 원인을 찾아서
이곳저곳을 테스트하기 위해
전압과 저항을 찍어보고
고장 부위를 찾아 분리시킨다

여러 번 전원이 차단되고
수없는 해체와 결합을 반복하는
절대적 인고의 시간

에어컨이 켜지기를 지켜보는 사람들
조바심으로 초롱초롱 빛나는 눈동자
드디어 원인을 찾아낸 기쁨의 환희

마침내 돌아가는 에어컨의 바람은
재탄생의 보답이라도 하는 듯
세상 어느 바람도 비교할 수 없는
사랑의 손길로 일구는 신선한 바람

전기밥솥 응급수술

어머니가 애지중지한 전기밥솥
열 해 동안 묵묵히 밥 짓던 충직한 벗
"띵동, 취사를 시작합니다!"
경쾌한 알림 후 30분 후에
치익~ 김 빠지며 하얀 밥 향기 흘려주었지

하루 세 번 삼만 번의 뜨거운 노동
그 고된 세월이 흐르고 쌓여
결국 심장이 멈춰 버렸네

다급한 어머니의 호출에
한달음으로 달려가 보니
눈빛만 깜빡이는 밥솥
숨결은 끊기고 심장은 고요하네

긴급이라 직접 수술 하기로 결정을 하고
매스를 들고 떨리고 긴장되는 손으로
틈새를 비집어 뚜껑을 열고 내부를 살펴보니

본체와 뚜껑을 잇는 세 가닥 혈관이
툭툭 끊겨 버린 채 늘어졌네
곧장 납땜으로 봉합수술을 시작했네

세 가닥 봉합수술을 완료하고 전원을 켜니
순간 "취사선택"이라는 환희의 외침과 함께
심장이 다시 뛰기 시작했다

장기에 기름칠하고 혈관을 깨끗이 하고
주변의 먼지와 때를 청소하고 나니
그제야 밥솥은 예전보다도 더 씩씩해져
"나 이제 백년은 더 살 수 있소!"
으스대며 다시 연기를 뿜는다.
어머니는 눈시울이 붉어지셨다
열 해 동안 밥솥 하나에 깃든 사랑
그 속에서 다시 피어나는 가족의 밥 향기
오늘 저녁도 밥솥에서 김이 모락모락 피어나리
이 맛이 바로 밥솥을 살린 보람이리라

결혼 서약

밤하늘에 빛나는 별들이 쏟아져 내려
산을 사랑한 별 산마루에 내려앉고
나무를 사랑한 별 나뭇가지에 걸터앉듯
그중 눈부신 별 하나 내 가슴에 들어왔네

아프고 슬픈 일이 찾아오면
아름다운 사랑으로 서로를 감싸는 버팀목
비바람 부는 날엔 든든한 우산이 되고
눈보라 치는 날엔 포근한 둥지가 되리라

아침에는 희망이 저녁에는 보람이
언제나 우리 곁에 머물게 하고
사랑의 향기 온 누리에 피어나
행복의 꽃으로 가꾸는 찬란한 꽃밭

그대는 시댁에서 사랑받는 보물이 되고
이 몸은 처가를 떠받치는 기둥이 되어
존중 존경 배려 희생 양보 속에서
서로를 믿어주는 오늘의 맹세

마주 잡은 우리의 손 놓지 않으리
수십억 사람 중에서 두 개의 별이 만나
큰 별 하나 되어 백 년을 맺는 서약이
하늘 땅 바다 삼라만상에 새겨지리라

이레 비빔밥

중구청 앞 조그만 노포집
눈에 잘 안 띄는 가게라
무심코 지나쳐 다녔는데

휴가철이라 다른 식당들 문을 닫아
이레식당 빼꼼히 들여다보니
손님 한 분이 금색의 반상기에
호화로운 식사를 하고 계시네

비빔밥 주문하고 호기심 가득 기다리면
금빛 찬란한 그릇 금수저까지
소고기에 야채 영양식 한 끼
임금님 수라상에 견줄 맛난 고명들

그중의 으뜸 비결은 바로 비빔장
고추장에 갖은 양념을 넣어 볶아서 만든
한식의 전통을 세계로 이어주는
어머니의 정성어린 그 손맛

적은 비용으로 만나는 행복한 밥상
여 주인장의 정감 어린 미소는
다시 찾고 싶은 마음을 보태고 있네

이제는 아련한 그리움

이레 메밀비빔국수

티타늄 황금빛 반상기에
정갈한 차림상 손수 담근 열무김치 배추김치

모든 것이 자동화로 가는 세상이지만
집밥을 생각나게 하는 손맛 깃든 사랑

메밀국수 보이지 않을 정도의 고명들
깻잎 찐 계란 오이채 치커리

그 위에 놓여 진 쇠고기 볶음은
고명의 일등공신 화룡점정을 찍는다

시원한 얼음조각 국수에 식감을 보태고
다섯 가지 과일을 갈아서 만든 고추장 소스

입안을 호화로운 궁전으로 만들어 주고
비법을 물어보니 국가 기밀이라네

엄마생각 나고 맛난 국수 먹고 싶을 때
언제나 반겨주는 메밀 국수집

정감 어린 대화에 묻어나는 세심함
또 가고 싶어지는 어머니 맛집

이제는 추억의 온기만이

고향 콩나물밥집

옛 도청 옆 선화동 고향 콩나물밥 집
삼십여 년의 정성으로 빚은 어머니의 손맛
석이버섯 우엉 오이무침에 열무김치
정성 어린 반찬은 향기로운 수채화가 된다

식당 벽에 펼쳐진 손 자수 그림 속에는
주인장의 미적 사랑이 실처럼 얽혀 있고
모든 식재료는 국산품
가족 밥상처럼 건강이 묻어난다

윤기 흐르는 밥에 삶은 콩나물을 버무려
파 향이 코끝에 감도는 양념간장에 비비면
아삭한 콩나물의 시원하고 구수한 맛이
입맛과 침샘을 자극한다

두툼한 녹두 빈대떡과 신선한 육회는
콩나물밥과 환상의 조합을 이루어
일품 요리로 맛과 멋의 품격을 더해준다

식도락의 기쁨에 빠져 행복한 식사하면서
주인장의 어린 처녀 시절
독일 파견 간호사 이야기를 듣다보니
70년대 애환과 그리움이
조용히 눈가에 맺힌다

음식을 정성껏 차리듯
환자를 돌보셨을 손끝마다
사랑과 행복이 스며 있다

독일에서 좋은 환경과
친절한 대우를 생각하면
지금도 독일 분에게
밥 한 그릇 더 드리고 싶은 마음
그 친절의 기억은 여전히 따뜻하다

최근 영화 속 흑역사는
악의적인 인종 차별이 아니라
시대적으로 발생하는
그림자 같은 것이라고 담담히 말씀하시며

묵묵히 대파를 다듬는 손길 속에
정갈함과 세월의 애환이 배어 있다

한여름 피서

삼복더위에 북적이는 삼계탕집
삼계탕 한 그릇에
여름과 싸울 체력 장전하고

뻘뻘 흐르는 땀을 식히자며
잠시 들른 찻집
대책 없이 너무 센 에어컨

뙤약볕 밖으로 나오니
오들오들 얼어붙은 온몸을
뜨거운 열풍기로 녹여주네

그렇지 한여름의 피서는
뼈마디까지 노긋노긋
찜질해 주는 이열치열 피서

메기탕 추억

보문산 사거리 야구장 방향 예당본가
어죽 칼국수와 메기 매운탕 전문점
한 여름의 더위를 물리치려
마침내 발걸음 행차한 곳

예전 같으면 망태기 들고
개울물 튀기며 요란 피우다
온종일 버들치 두 마리에
미꾸라지 한 마리 잡아
생색내며 돌아오던 시절

더위에 지친 사람들과 마주앉아
설레는 마음으로 매운탕 주문하면
커다란 전골 솥 속에
새빨간 고춧가루로 분단장한
메기 세 마리 잠들어 있네

보글보글 끓으며 생명을 얻는 듯
새빨간 어죽으로 환생하네
절친 수제비와 어울려
환상의 맛을 선사하고

칼칼한 듯 시원한 국물은
한여름 땀구멍을 열어
몸속 열기와 독소 씻어내네

어죽 속에 담긴 맛과 향
어린 시절 냇가로 달려가던
부푼 꿈과 마음을 떠올리네

메기 한 입에 추억 한 스푼
오늘도 여름은 물러나고
마음 속 강물은 시원하게 흐르네

황기 닭곰탕

마장역 3번 출구를 나와
걷다 보면 신호등 옆
허름한 24시 기사식당
30년 전통 황기 닭곰탕

국산 황기와 닭을 넉넉히 달여
잘게 찢은 고기 담아내면
한 번도 안 온 사람은 있어도
한 번만 온 사람은 없는
대대로 이어진 명문 노포

손님들은 늘 줄 서듯 붐비고
무뚝뚝한 빨간 앞치마 사장님
주문과 동시에 고추장 양파 네 쪼가리
배추김치와 마늘쫑 항아리 내려놓고
뜨끈한 닭곰탕을 내어주시네

보약이 따로 없네
쫄깃한 닭고기 담백하고 구수하고
뜨거운 황기 국물 한 입 머금으면
삶에 지친 몸과 마음
서민들의 활력을 다시 살려내네

한 순갈 또 한 순갈
시간과 정성 전통이 스며들고
30년 세월 그 깊은 맛 속에서
오늘도 사람들은 조용히
힘을 얻고 마음을 달래네

대성장 탕수육

1960년대 마장역 사거리
바람에 흩날리던 시커먼 탄가루
뿌연 잿빛 마을
서민들의 숨결만 남아 있던 거리

연탄공장 정문 맞은편
작은 짜장면집 대성장
대성연탄 자회사인양 불리던 이름
젊은 청년이었던 사장은
이제 짜장과 탕수육의 선사가 되었네

밀가루 반죽을 풀고 면을 삶으며
단무지와 양파를 썰고
향긋한 짜장 소스가 무쇠 웍 위에서 춤추고
예나 지금이나
서민이 찾는 최고의 한 끼

돼지고기 등심 엄지만큼 토막 내어
계란 옷 입히고 뜨겁게 튀겨
달콤 새콤 구수한 당근 양파 소스를 곁들이면
탕수육은 부드럽게 살아나
코끝과 입안에 전해지는 작은 행복

언제나 그 자리에서
대성장과 반평생을 함께하며
노년의 사장과 젊은 아들 2대
전화 한 통이면 신속 정확한 배달
마장역 사거리 짜장의 지존
세월과 맛 그리고 사람과 추억이
오늘도 조용히 흐르고 있네

인과응보

나쁜 일을 일삼다가 벌을 받는 것은
당연하고 당연한데도
이 땅엔 얼마나 많은 죄악이 존재하는가

원한이 있거나 사랑에 배신당해서
저지른 범죄는 더러 정상참작이 되지만
돈과 욕심에 눈이 멀어 타인을 해하고
부모형제 아내에게까지 죄를 범하면
중형에 처해지고 용서가 되지 않는데

나라 팔아먹은 범죄는
대를 이어 벌을 받고 낙인이 찍힐 것이고
사람들이 법으로 죄를 묻지 못해도
하늘에서 천벌을 내릴 것이다

을사오적을 보아라
정미칠적을 보아라
지천에 깔려있던 밀정을 보아라

자신의 영달을 위해 민족을 배신하고
백성들과 독립투사를 죽음으로 몰아 부친
그들의 끝자락은 후손마저 부끄러워
암흑의 역사로 이어지는 인과응보

지금도 쥐처럼 숨어서 암약하는
매국노 밀정 토착왜구여
이제 그만 멈추고 빛으로 돌아오라
용서와 화해의 마당으로 어서 돌아오라

자존심

육신이 늙어지면 정신도 나이 들고
몸이 병들면 혼도 병이 드는가

자존심을 지키려 몸을 추스린다
마음은 이팔청춘인데 몸은 망가져
내 육체 지킬 수 없으니

죽음을 목전에 두고
마음 다스리는 때늦은 숙연함보다
그대 내 곁에 있을 때
나의 영혼 부끄럽지 않게 살리라

나라 위해 목숨을 초개와 같이 내놓은
민족혼의 자존심
불타는 전장에 용감하게 뛰어들던
호국정신의 자존심

그 선열들의 자존심을 물려받아
늙어도 늙을 수 없는 우리 역사
아파도 병들 수 없는 우리 민족
바로 이것이다
그대와 내가 지켜갈 마지막 자존심

입산 금지

민족의 신령한 산 계룡산
장군봉 산세에 기댄 동학사
삼불봉 계곡 아래 절경의 갑사
산신각 중악단을 품은 신원사
비결서 정감록이 예언한
새 도읍지의 꿈이 깃든 곳

하늘을 연결하는 연천봉에 올라
새빨갛게 떨어지는 낙조를 바라본다
구한말 조선의 운명은 이미 저물었고
지금 자유 대한민국은 어디로 흐를까
만감이 산빛처럼 일렁인다

새해 일출을 맞이하려
민족의 영봉 천황봉에 올라
만물을 굽어 둥근해를 바라보며
합장으로 소망을 빌어본다
자유 대한민국! 무궁무진 하라고

산하와 도읍지를 굽어보는 영봉
천황봉의 기세는 하늘을 찌르고
죄 많은 자는 감히 오르지 못하리
죄짓고 굿소리 아래 숨어 사는 자
그 생 또한 아슬히 이어질 뿐이네

고통과 가난 속에 백성들이
삶을 의지하고 위안을 받으려
몰려왔건만 다 내쫓아 버리고
산은 묵묵히 말이 없네

비밀을 품은 천황봉이여
아직도 민초들의 발걸음이 버거워
입산금지 팻말을
묵직이 머리에 이고 서 있구나

성재경 계레시인

인생의 고락을 뒤로하고
조국을 위해 목숨을 바친 선열들의 뜻을
그대는 시어에 담아
영혼을 흔드는 발자취로 남기셨네

민족 혼의 자취를 따라
산하를 두루 걸으며
삿갓 쓰고 도포 입고 죽장 짚고
춤추듯 눈물로 길을 여는 겨레시인

순국의 영혼들이 그대의 시를 통해 살아나
오늘을 비추고 내일을 일깨우니
그 기록은 곧 살아 있는 전설이 되어
영원히 세세토록 우리 곁에 있으리

안중근의 총성 유관순의 함성
윤봉길의 폭탄
이순신의 칼날 김구의 기개
안창호의 투쟁
김좌진의 기백 윤동주의 노래가
별빛처럼 애국시집 속에 타오른다

그대의 애국시는
겨레의 혼을 세계에 울려 퍼뜨리고
하늘과 땅이 증언하듯
세계 기록 유산이 되어
노벨 문학상의 별로 빛나리라

애국자의 피가 흐르리

나의 모교 민족오산학교
설립자는 남강 이승훈 선생님
백범 김구 선생님과 나란히
겨레를 위해 온몸을 바치신
지조 높은 교육자 독립운동가

내가 백범 선생님을 기리는
성재경 겨레시인의 김구 시집을 읽고
이 시를 쓰게 된 것도
우연이 아닌 필연으로
모교의 뿌리에서 돋아난 애국의 얼

"역사를 잊은 민족에게 미래는 없다"
나라를 잃은 아픔을 겪은 민족이라면
누구나 다시 찾고자 하는 마음이 없으랴
이 땅에 애국자의 피가 흐르지 않으랴

나라를 위해 순국하신 수많은 애국자가
바로 우리의 훌륭한 선조이고
우리는 그분의 피가 흐르는 자손이기에
시대가 부르면
애국자로 다시 태어나리

오늘도 나라를 위해 불철주야 애쓰는 분들
수출과 경제를 일으키는 고달픈 손길 속에
선열의 애국정신 희생정신 살아 있어
애국자의 피는
이 겨레의 가슴속에 영원히 흐르리라

남강 이승훈
(1864. 3. 25. ~ 1930. 5. 9.)

교육만이 민족의 살길이다
큰 부자였던 남강 선생님 전 재산 다 털어
겨레 얼 배움터 교육의 요람 민족오산학교
1907년 평안북도 정주 땅에 설립하고
교육부국 교육입국 민족혼을 가르치셨네

3·1운동 본산지 참 민족 인재의 요람
수많은 민족지도자 문학과 미술계의 거장
내로라하는 장군 목사 의사 교육자들과
역사에 기록된 걸출한 인재들의 참 스승

인문학 과학 사학 지리학 배울 것도 많건만
오산의 독립투사는 감옥학이 필수였는가
105인 사건 3·1운동 사건으로 7년 동안
온갖 고초로 사경을 헤매던 스승이시여

3·1독립선언서 33인 민족대표 순서 다툼에
"이 순서는 먼저 죽는 순서"라며
손병희부터 쓰라고 일갈하시고
조국 독립에 목숨을 초개같이 바치셨네

일제의 만행으로 불타버린 학교를 재건하고
제자들을 위하여 먹거리를 모두 가져와
집에는 언제나 먹을 것이 없었고
겨울에는 변소에 올라온 오물을 도끼로 치며
낮은 곳으로 임하신 겨레의 참스승이시여

"나의 유해는 생리표본으로 만들어
학생들 실험에 쓰게 하라" 남기신 유언처럼
스스로는 아무것도 남기지 않으시고
오로지 하나님을 믿으며 복음을 실천하셨네

보광동 교정에서 평북 정주 교정을 그리며
남강 선생님의 애국정신과 참교육 기리며
앞에는 남산과 뒤에는 한강을 바라보며
겨레 얼 배움터를 지키는 혼문으로 빛나리라

고당 조만식
(1883. 2. 1. ~ 1950. 10. 18.)

조선의 간디 비폭력의 횃불
민족의 가슴에 참된 길을 새기신 스승

아홉 해 동안 민족오산의 교정에서
학생들에게 애국의 불꽃을 심으시고
믿음의 길을 가르치셨네

주기철 목사 한경직 목사 함석헌 사상가
백인제 의사 주기용 국회의원 김홍일 장군 등
민족 지도자를 길러내신
교육계 진정한 사표

3·1 독립만세 앞장서 외치고
옥중의 어둠도 꺾지 못한 독립의 뜻
2년 후 다시 학교로 돌아와
민족의 정신으로 부활하였도다

평양 산정현 교회에서
주기철 목사와 함께
신앙을 항일의 불길로 태우시고
주님의 성령과 은총을
독립의 피로 승화시키셨네

왜산 물건 물리치고
우리 물건 만들어 입고 쓰자
한민족 자급자족 경제 만들자
자주 독립을 선포하고 노래하셨고
한복 차림으로 몸소 계몽을 실천하였네

해방 뒤 공산정권의 칼날 앞에서도
자유와 신앙을 굽히지 않고
홀로 남한행을 마다하며
일천만 북녘 동포와 생사를 함께하셨네
그러나 공산정권의 잔혹한 총탄에 쓰러져
유해조차 찾지 못한 몸
이제는 서울 어린이대공원과 파주 오두산에서
동상으로만 우리를 바라보시네

별빛처럼 사라져도
별빛처럼 살아 계신 그 이름
고당 조만식
우리 가슴에 영원히 빛나리

주기철 목사
(1897.11.25.~1944.4.21.)

경남 웅천 백일리 가난한 농가의 막내아들로 태어나
남강 이승훈 고당 조만식 스승의 가르침을 받으며
복음의 빛과 민족의 혼을 심장 깊이 새기고
민족오산학교를 수석으로 졸업한 불굴의 청년

3·1 만세운동의 함성 속에 감옥의 고초를 겪었으나
쇠사슬은 믿음을 꺾지 못했고
채찍은 민족혼을 지우지 못했네
그는 일제의 어둠 앞에 무릎 꿇지 않은
신앙의 거목 독립의 횃불이었네

장로회신학교를 마치고
고향과 부산에서 가난한 백성을 위해 헌신하고
고당 조만식 스승의 부름을 받아
평양 산정현교회 강단에 서서
하나님의 나라 조국의 자유를 외쳤네

신사참배는 우상숭배요 민족배반이라 선언하며
일제의 회유와 협박에 굴하지 않고
죽음조차 두려워하지 않고
일사각오로 주님의 길을 걸어갔네

일제가 못판 위를 걷게 한 고문에도
그 발자국마다 피 흘려 노래한 "영문 밖의 길"
그 붉은 자취가 곧 복음이 되었네
광복을 불과 한 해 앞둔 그날까지
그는 한 손엔 복음 한 손엔 독립을 움켜쥔 채
눈물로 민족을 품었네

오정모 사모의 기도는 남편의 십자가를 넘어
참 신앙인의 길을 세상에 남겼네
"따뜻한 숭늉 한 사발이 먹고 싶소,
천국에 가더라도 조선교회를 위해 기도하리라"라는
목사님의 마지막 유언 앞에서
"끝까지 주님을 따르세요" 절규하던 사모의 음성은
오늘도 교회의 심장을 울리네

지금도 주기철 목사의 일사각오 정신은
불의와 타협하는 자들의 양심을 흔들며
하나님의 교리를 왜곡하는 이단자들에게
무거운 심판의 경종을 울리네

그러나 참된 성도들의 가슴 속에서
그 빛은 꺼지지 않고
순교의 노래처럼 주님의 빛처럼
영원히 메아리치고 있네

김홍일 장군
(1898.9.23.~1980.8.8.)

민족오산학교 시절
남강 이승훈 고당 조만식 스승께
기독교 박애와 민족운동 자립의 길을 배우고
수석으로 졸업한 뒤 황해도 경신학교 교사 되어
민족 시대를 개척할 후진을 가르치셨네

일제의 옥고와 고문에도 굴하지 않고
나라를 되찾겠다는 불굴의 신념으로
상해로 망명하여 중국군에 입대하고
수많은 전투에서 일본군을 무찔렀네

이봉창 윤봉길 의사에게
거룩한 폭탄을 제공한 숨은 공로자
중국 참모처장 2성 장군으로
또 광복군 참모장으로 광복군을 만들고 이끌었네

해방 후 귀국하여 육사교장이 되어
문무를 겸비한 인재를 길러내고
6·25 전쟁의 화마 속에서는
북한군 남하를 저지하며
한미연합의 방패가 되셨네

전후에는 국회의원이 되어
자유민주주의의 초석을 세우고
독재정권의 억압 속에서도
민주주의를 바로 세우려
흔들림 없이 나아가셨네

조국의 광복을 쟁취한 독립운동가이며
건국훈장 독립장 태극무공훈장에 빛나는
자유 대한민국을 지켜낸 5성 장군
민주주의를 바로 세운 참 정치인

김홍일 장군
민족의 영웅으로
영원히 우리 가슴 속에 살아 있으리

의사 백인제
(1899. 1. 28. ~ 1950. ?. ?.)

평북 정주 전통 문신 학자 가문의 셋째 아들
총명하고 예의 바르며 친구를 사랑할 줄 아는 민족의 학동

민족오산학교 4년 내내 수석으로
조만식 이승훈 스승에게 민족사상과 독립정신을 배우고

경성의대에 들어가 의술에 매진할 때
시기와 질투에 찬 일본의 눈길에도 흔들리지 않고
3·1 독립운동 참여로 퇴학과 옥고를 겪은 민족 선각자

복학하여 화타를 능가하는 의술을 익히고
의대 수석으로 졸업했으나
독립운동 전과자로 낙인을 찍으며
의사 면허를 불허한 일제 침략자들
결국 두 해 후 그의 의술에 놀라
일제의 파렴치범들도 의술을 인정하였네

해방이 되자 모든 재산을 기부하여
한국 최초 의료재단 백병원을 세우고
나라와 백성을 사랑하는 마음으로
의술을 실천한 애국자 한국의 슈바이처

6·25 전쟁 때 김일성의 납치로
얼마나 힘들고 모진 삶을 살았을까
대한민국 품에 남아 후학을 길렀더라면
얼마나 많은 생명이 구원받았을까

호랑이는 명산에서 포효하며
날 짐승을 돌봐야 하는데
북한 공산주의 감시에 갇힌 호랑이
사상 불순으로 모진 고문과 학대로
비참한 최후를 맞은 명의 백인제
명의를 잃은 민족의 슬픔과 한이
지금도 이 땅을 맴돌고
첨단 의학이 발달할수록
더 그리운 박애혼과 애국혼

대한민국 민족 민중 박애주의자
의술의 아버지이자 선구자 백인제
그 이름 허공을 맴도며
우리 가슴 속 깊이
빛과 울림으로 남아 있네

김소월 시인
(1902.9.7.~1934.12.24.)

"나 보기가 역겨워 가실 때에는
말없이 고이 보내드리오리다"
그 한 구절만으로도
붉은 서정이 뚝뚝 흘러내리던 시인이여

진달래꽃 향기 어린 젊은 날
민족의 아픔을 가슴에 품고
서민의 눈물을 토속의 가락으로 달래며
초혼처럼 한과 애국의 불꽃을 지피던
우리의 민족시인이여

민족오산학교에서 이승훈 조만식 김억 스승에게
뜻을 배우고 문학의 숨결을 이어받아
강물과 하늘 호수와 새 꽃과 순수의 언어로
애국애족과 민족혼을 노래한 천재 시인이여

1925년 스승 김억이 자비를 들여
그대의 시 126편을 모아 진달래꽃 시집을 세상에 내놓고
그대는 민중을 깨우치려 고향에 동아일보 지국을 세웠으나
일제의 탄압에 막혀 문을 닫을 수밖에 없었네
꺾이지 않은 마음 오롯이 조국 독립에 바치던
진정한 애국 시인이여

병마와 싸우며 겨우 서른두 해
짧디짧은 생애를 마칠 때까지
그대의 맑은 시심은 흩어지지 않고
오늘도 우리 곁에 머무르며
국민의 가슴마다 향토시 서정시 되어
만인의 노래 속에 끝없이 울려 퍼지네

1981년 금관문화훈장이 추서되고
서울 보광동 민족오산학교 소월동산에
1986년 단출한 진달래꽃 시비가 세워져
요절한 선배의 시와 영혼을
오늘도 가슴 아리게 기리고 있네

한경직 목사
(1903.1.27.~2000.4.19.)

평북 평원의 가난한 집 장남으로 태어나
조만식 이승훈 두 스승께
민족의 얼과 신앙의 불꽃을 배우셨네

소래 바닷가 바람결에 들려온
하나님의 부르심
"몸을 바쳐 복음을 위해 살아라"
그 순간부터 목자의 길을 걸으셨네

미국 땅에서 낮에는 노동 밤에는 학문
프린스턴 신학교의 등불 아래
사랑과 겸손 희생의 신학을 품으셨네

죽음의 병마 폐결핵마저
기도와 눈물로 이기고 귀국하여
신의주 교회 어린이들에게
첫 목자의 손을 내미셨네

해방의 격랑 속 북한 땅을 넘어
서울에 영락교회를 세워
온 겨레의 상처를 감싸 안고
민족의 교회로 키우셨네

신사참배의 죄
참회의 눈물로 회개하고
검소한 삶 무소유의 길에서
끝내 하늘 부름 받으셨네

98년의 생애
사랑과 봉사로 새긴 발자취
겨레의 빛 하나님의 목자
영원히 우리 곁에 살아 계시리

백석 시인
(1912.7.1.~1996.1.7.)

민족오산의 푸른 교정에서
남강과 고당의 가르침을 받으며
겨레의 얼과 신앙의 빛을 품은 청년
별빛 같은 언어를 익히던 천재 시인

영어 러시아어 불어 독일어 중국어
다섯 갈래의 언어를 통달한 시인
마침내 "사슴" 한 권으로
민족의 노래를 불러내고 있네

그 노래는
33편의 시
33인의 혼을 일깨우는 불꽃
조국의 독립을 향한 뜨거운 갈망이었다

눈처럼 순수하게 사랑한 자야
가슴 깊이 새긴 이름 하나
흰 당나귀 타고 나타샤를 부르던 목소리
오늘도 시 속에서 울린다

사랑보다 시를 지킨 남자
시보다 사랑을 택한 여인
분단의 벽은 두 사람을 갈라놓았으나
그리움은 세월을 건너 흐른다

북녘 산골에 퍼지는 자유의 노래
정치보다 문학을 택한 우직한 고집
양강도의 추위와 고난 속에서도
그는 민족시로 숨 쉬었다

쓸쓸히 마감한 83년의 생애
그러나 그의 영혼은 아직 떠나지 않았다
자유와 통일 사랑과 희망
그의 시는 지금도 살아 있다

우리는 기억한다
백석의 독립정신 박애정신 통일의 꿈
그리고 자야를 향한 영원한 사랑

오늘도 우리는 기다린다
하늘을 우러러
흰 당나귀 타고 오는 시인
다시 우리 곁으로 돌아오기를

이중섭 화가
(1916. 9. 16. ~ 1956. 9. 6.)

흰 소를 바라보면
심장이 불끈 솟구친다
천하무적 장수의 기개
지축을 박차고 나아가는 민족의 혼
그의 붓끝에서 울부짖으며 살아났다

소년 이중섭
민족오산학교 교정에서
유학파 임용련·백남순 스승에게
우리 고유의 화풍을 배우며
하늘이 내린 천재 화가로 성장했다

그러나 운명은 그를 가만두지 않았다
조국은 전쟁의 소용돌이에 휘말리고
흥남 철수선에 몸을 실은 화가는
연고 없는 부산의 피난민이 되었다

서귀포 초라한 단칸방
굶주림으로 허기진 식구들
밥 대신 눈물 삼키며
그는 은박지에 못으로 그림을 새겼다

사랑하는 아내와 아이들을 떠나보낸 채
아이의 웃음을 아내의 눈빛을
고향 산천을 담아내며
가난 속에서도 예술의 불꽃을 지켰다

하지만 세상은 차가웠다
마지막 개인전
벽에 걸린 그림은 팔리지 않았고
순박한 마음은 벗과 사기꾼을 구분하지 못했고

굶주림과 고독 그리고 마음의 상처가
그의 몸을 무너뜨렸고
꽃다운 서른여섯 해의 나이에
자식 얼굴 한 번 보지 못한 채
그는 별빛이 되어 사라졌다

친구들이 화장해 수습한 무연고의 유해
망우동 산기슭에 외롭게 잠들었으나
서울 보광동 민족오산학교 마당에
추모비가 세워졌다

오늘도 바람은 속삭인다
"예술은 무엇으로 불타야 하는가,
삶은 무엇으로 지켜져야 하는가."
그의 흰 소가 대답한다
"민족의 혼으로 사랑으로
끝내 꺼지지 않는 불꽃으로"

승동표 화백
(1918.9.14.~1996.4.6.)

민족오산학교 청년시절
유학파 임용련과 백남순 스승의 가르침 속에서
이중섭과 함께 동문수학하며
젊은 날의 예술적 꿈을 키운 천재 화가

학창시절 제1회 조선학생미술전람에서
특선의 영예를 안아
민족의 눈부신 수재임을 증명했네

그의 붓끝에는 강렬한 색감이 살아 있었고
한국의 세잔이라 불릴 만한 화법으로
원색을 자유롭게 다루어 명암을 살리고
굵은 윤곽선과 황토빛 조형으로
한국의 민속과 정서를 담아냈네

북한에서도 그의 재능을 인정하여
김일성 초상화를 그린 수재
한 나라의 지도자 초상 속에서도
섬세한 붓과 색채 감각은 빛났네

그러나 시대의 격랑 1·4 후퇴의 혼란 속에
단신으로 공산치하를 탈출해야 했던 화가
가족과 생이별한 후
북한에 남은 사랑하는 이들의 안위를 걱정하며
화가의 길을 과감히 접고
정읍에서 미술 교사로 후학을 길렀네

불혹의 나이에 새 가정을 꾸렸지만
가슴 속 깊이 새겨진 가족의 아픔과 한은
그의 삶과 작품 속에 늘 스며 있었네
노년에는 다시 붓을 들어 역작을 그리며
분단의 상처와 비극을 캔버스 위에 담았네

남한의 세 아들에게 남긴 유언,
"북한의 이복형제를 꼭 만나거라"
그 말 속에 시대와 민족의 아픔이 녹아 있고

젊은 시절 찬란했던 유작과
노년에 그린 깊은 숨결의 유작은
자식들의 애끊는 노력과 정성으로 이어져
전북대학교 박물관에서 살아 숨 쉬고 있네

승동표 민족오산학교의 천재 화가
그 유작은 한국 미술사와 민족사 속에서
삶과 예술 그리고 분단의 비극을 치유하는
불후의 명작으로 영원히 기억되리라

<시평>

얼과 빛 김응배 시인

겨레시인 **성 재 경**

시인의 탄생!
대한민국 시문학사에 올바른 시인이 탄생했습니다.
얼빛 김응배 시인!
한 권의 시집으로 그동안 가슴속에 간직한 시어들을 꺼내어 강물로 흐르게 하고 들녘의 씨앗으로 심어갈 것입니다.
전혀 다른 세상에서 출발하여 거친 풍랑의 파고를 넘어 또 다른 세상 피안의 언덕에 닻을 내리고, 그곳에 처음 세상에서 가져온 재료들과 새로운 풍토에서 만나는 소재들로 옷감을 짜고 그릇을 만들고 화단을 가꾸어 갈 것입니다.
제가 젊은 날 유행하던 문학의 금언 같은 이야기가 있었습니다.
"소설가는 1%의 영감과 99%의 노력으로 이루고 시인은 99%의 영감과 1%의 노력으로 완성된다."라는 말이 었는데 시인은 시의 인자를 갖고 태어난다는 것이고 그만큼 시를 쓰는 것이 어렵다는 극단적 표현일 것입니다.

국어를 전공하고 국문학을 공부하였다면 아무래도 시에 접근하기는 쉬울 수 있지만 그 분야의 박사나 교수 또는 선생님들이 모두 시인이 아닌 까닭입니다.

그럼에도 전자공학을 전공하고 박사로서 그 분야에 종사하면서 중년의 세월을 맞은 재원이 시인의 길을 걷기까지는 노력과 열정만이 아닌 시인의 DNA를 품고 있었을 것입니다.

이제 가슴에서 달그락거리는 시어를 세상에 드러내고, 그동안 쌓아온 인생의 체험과 높은 이상을 시라는 매개체로 사람들에게 감동을 선물하는 시간이 돌아왔습니다.

그 첫 열매가 하늘가에 등불 같은 시집 한 권을 매다는 일이었을 것이고 대한민국 문학사에 시인의 탄생을 알리는 고고성(呱呱聲)이었을 것입니다.

우선 얼빛 김웅배 시인의 시 한 편 감상하시겠습니다.

철쭉꽃으로 불붙는 산허리
봄의 마그마가 흐른다

어두웠던 회색 외투 다 벗어던지고
꽃길 따라 흐르는 붉은 정열

온 산은 핑크빛으로 물들고
꽃무리에게 점령당한 가슴
태워버려라 삶의 응어리들일랑
하늘로 오르는 저 철쭉 사닥다리처럼

산 능성이마다 고이는 눈물
꽃잎 손수건으로 닦으며

봄 산을 오른다
아미까지 붉게 잠기는 산마루

- '철쭉' 전문

 참으로 가슴이 시원하다 못해 후련합니다. 요즘은 소백산 철쭉축제를 비롯해 여러 지자체에서 철쭉을 소재로 행사를 여는데 사람들은 그냥 눈으로 보고 머리로 즐기지만 시인은 가슴으로 철쭉을 바라봅니다.
 진달래가 여인의 자태를 지녔다면 철쭉은 마그마 같은 남성적 이미지로 다가 오고 있습니다. 꽃무리에게 가슴을 내어주면 삶의 응어리, 아픈 찌꺼기 일랑 모두 태워버리고 철쭉의 사닥다리를 타고 하늘을 오른다고 합니다.
 그런데 왜 산 등성이마다 눈물이 고일까요?
 시인은 산의 울음을 들었던 것입니다. 지난 가을 낙

엽으로 잎사귀를 모두 떠나보내고 벌거벗은 나목으로 서 있던 겨울나무와 굶주림에 지쳐 작은 굴속이나 둥지에서 봄을 기다려온 짐승들과 새들에게 이제는 걱정하지 말라는 부모의 마음으로 산은 큰 울음을 터트려 알렸을 것입니다. 수액이 흐르는 봄 산의 눈물을 꽃잎이 손수건 되어 닦아낸 산은 청산의 시작일 것이고 시인은 새 희망을 말하고 싶었을 것입니다.

철쭉에게 점령당한 산은 머리 꼭대기만 남겨놓고 눈썹까지 잠긴 채로 꽃 산이 되는 산길에 서 있는 시인은 끝없이 밀려오는 봄의 향연 속에서 푸르러 가는 청산을 꿈꾸고 있었을 것입니다.

내가 처음 김응배 박사를 만난 것은 나라 사랑이 불붙는 아우내장터 유관순애국시단에서 이었는데 대전 시낭송 팀과 함께 오셔서 내 시를 시낭송을 하셨고 그 후 의기투합하여 신독립군 중부사령관으로 오셨을 때까지만 해도 시를 쓰시는 시인인 줄 몰랐습니다.

고려대학교 전자공학과 박사를 필두로 전자통신분야의 연구경력과 민족오산학교 총동창회장 등 훌륭한 스펙을 갖추고 계셨는데도 선하게 다가오는 미소와 언행이 시인의 덕행을 실감하게 했습니다.

다른 시 한 편 보겠습니다.

큰 물줄기를 댐으로 막아
우리나라에서 다섯째 가라면 서러운
진안 용담 호숫가 산장에서
저무는 저녁노을을 바라보며
두 신선의 대화를 엿들었다
어찌 성시인
저 호수가 생길 때
많은 마을이 물에 잠겨
수몰된 고향을 떠난 사람들이 많았거든
내가 늘 호수를 바라볼 때마다
저 물은 냇물과 빗물만 아니라
실향민의 눈물이 보태졌다고 보여
성시인 내 말이 어찌
맞아요 김선배님
저도 호수에 손 담그고 보니까
물의 입자가 세 가지로 다르더군요
냇물 빗물 푸른 색상 사이에서 울부짖는
맑은 색깔의 눈물이 헝클어져
아직도 고향을 그리워하는 사람들의
망향의 노래가 들려오고 있었어요

정말 그럴까
나 홀로 가만히 내려 선 호숫가
바람이 불 때마다 선명하게 일렁이는
고향 떠난 이들의 부피 큰 눈물이

내 가슴엔 서러운 망향가가 아닌
옛 사랑을 부르는 사랑노래로 들려왔다

* 성시인 : 겨레시인 성재경
* 김선배 : 두꺼비 산장 주인 김완근 시인

- '용담호 연가' 전문

인삼의 고장으로 잘 알려진 금산을 지나 조금 더 가노라면 홍삼으로 유명한 진안이 있고 큰 계곡과 산허리를 막은 용담호가 펼쳐져 있습니다.

내가 그곳 두꺼비 산장을 찾던 날 대전에서 달려온 김응배 시인과 온빛 시인이 맛있는 식사를 대접해 주었고 함께 용담호를 바라보며 이런 저런 이야기를 나누며 호수에게 고향을 내어준 사람들을 생각했습니다.

그때 김완근 시인님과 내가 나눈 이야기를 듣고 김응배 시인도 실향민의 아픔을 시로 표현 했는데 슬픔의 미학을 고스란히 담았습니다.

이 시는 시작법의 첫 번째 원리인 기승전결(起承轉結)의 법칙을 잘 보여주고 있습니다. 또한 대화체 시가 잘못하면 싱거운 쪽으로 미끄러지기 쉬운데 이 시는 탄탄한 구성을 겸비하고 일반 대화체가 아닌 감성이 번뜩이는 시어로 짜여 있어 시 읽는 즐거움을 더하고 있습니다.

먼저 1연에서 호숫가, 산장, 저녁놀, 두 신선 등 낭만적 요소를 설정하고 2연에서 충청도 사투리인 '어쩌'가 수미쌍관(首尾雙關)으로 기술되어 맛을 더하고 호수에 냇물과 빗물 외에도 실향민의 눈물이 보태진다는 구절은 천년동안 명시의 자리를 버티고 있는 정지상의 송인(送人)을 연상하게 합니다.
 "비 갠 언덕에 풀은 푸른데/남포로 임 보내는 서글픈 노래/대동강 물은 언제 마르리/해마다 이별눈물 보태는 것을"
 3연은 전개가 바뀌어 눈물이 망향가로 변이되는 곡절을 거치면서 또 다른 시인의 화답이 이루어지고
 4연은 혼자 찾은 호숫가에서 부피 큰 눈물을 만나고 망향가가 아닌 사랑노래로 귀결하는데 서정이 깃든 시인의 마음이 잘 나타나 있습니다.

 얼빛 김응배 시인은 지역인 대전에서도 활발한 문예 활동과 봉사로 많은 분들의 찬사를 받고 있습니다. 여러 곳의 단체장을 겸임하면서 시낭송은 기본이고 행사 진행을 맡기도 하고 악기도 연주하는 실력자이기도 합니다. 민족오산학교 출신답게 애국애족 사랑이 남다르고 보살피고 받드는 사명자인 것처럼 주변을 챙기는 시인이기도 합니다.

다른 시 하나 만나 보겠습니다.

산마루 걸터앉아 고개 숙인
하얀 무게 창백한 반달
낮달이 고즈넉이 떠 있다

이윽고 밤이 오면
남쪽 하늘 어둠 깊을수록
산마을 환히 비추는 달빛

보드라운 명주 보자기 두른
달 가리운 반쪽은
타는 그리움이 숨어있고

반짝이는 은하수 망토 두른
황금빛 미소로 반쪽은
어서 사랑 찾아가라는 손짓

산모롱이 돌아들며
기다림에 지쳐 굽은 어깨로
사랑 무게 내려앉은 달빛

산길 따라 내 그리움 같은
노랑저고리 입은 여인
달맞이꽃이 피어 있었네

- '달 그리움' 전문

달과 인간의 관계는 단지 자연현상만이 아닌 영적인 세계로 비화되어 감성의 이입으로 점철되어 왔습니다. 희로애락을 달에게 비유하기도 하고 애증을 고백하는 수단으로도 역할이 톡톡하지요. 시인으로 명패를 걸고 달을 노래하지 않은 무감각파도 있을까요?

나의 시에도 달님은 상당수 등장하듯이 얼빛 시인도 비켜가지 못하는 저 달빛!

낮달에서 시작되어 하얀 무게였다가 황금빛 미소였다가 사랑 무게로 내려앉아 그리움으로 승화되고 노랑 저고리 여인 달맞이꽃으로 이어져서 그 꽃이 이승 꽃인지의 구분도 애매한 경지에 들고 있습니다.

어렵지 않은 일상적인 언어를 구사하면서도 가슴 속 오장육부까지 감겨오는 느낌은 시인의 마음에 담겨 있는 서정 때문일 것입니다.

얼빛 시인은 아버지 어머니 부모님에 대한 사랑과 정성도 남다릅니다. 특히 어머니에 대한 글이 많은데 그 글은 독자 제위의 몫으로 맡기고 여기서는 아버지에 대한 시 한 편 감상하기로 합니다.

아버지의 발걸음은 늘 무거웠습니다
왜 신발을 끌고 다니냐고
말씀드리는 것도 이제는 포기했을 즈음

아버지의 그림자조차 지쳐 있습니다

하루도 쉴 수 없는 생활 전선에서
나 하나의 힘듦은
가족만 생각해도 힘이 솟아
늘 천하장사처럼 보이려 했고

돌아서서 가슴을 쥐어짜는 아픔을
홀로 감추고 살았습니다
구급차 실려 오시는 날 아버지는
장기를 절제하고서야 침대에 누우셨습니다
장기가 썩어 가는 것도 잊게 해 주는
원동력은 아버지의 사랑이었습니다
이제는 조금 내려놓을 만도 하건만
쓰러지는 날까지 가족을 위해 일하는 것이
숙명인 양 살아오신 아버지

집안의 기둥이자 가족의 원동력인 아버지는
누워서도 괜찮은 양 안색을 곱게 하며
끝까지 자식에게 짐이 안 되려고
병든 몸 추스르며 괜찮다고 합니다

- '아버지의 마음' 전문

우리 지난 과거에 5월 어느 날을 어머니 날로 정했다가 남정네들의 반발이 심해서 어버이 날로 바꾼 것은 잘 아실 것입니다. 고려가요 사모곡에도 '호미도 날이지만 낫 같이 들지 않고 아버지도 부모이지만 어머니처럼 괴시지(사랑하지) 않네.'라고 했습니다만 극악무도한 빌런을 빼고는 어느 아버지가 자식을 사랑하지 않겠습니까. 그러나 아버지 사랑은 늘 묵직했고 겉으로 드러내는 자애로운 사랑이 아니라 가슴 속에서 우러나오는 사랑이 아니었을까요?

얼빛 시인의 시에도 잘 나타나 있는 것처럼 '늘 천하장사처럼 보이려' 했고 '돌아서서 가슴을 쥐어짜는 아픔을 홀로 감추고 살았습니다.' 이 한마디면 세상의 모든 아버지를 충분히 대변했다고 생각합니다.

마지막 쓰러지는 날까지 가족들 생계를 위해 생활전선으로 나아갔던 아버지는 위대한 사랑의 실천 그 자체였습니다.

그렇습니다. 우리네 아버지 아니 부모님들은 끝까지 자식들 짐이 되지 않으려고 병든 몸을 추스르고 자식을 위해 사셨기에 아름다운 인간의 가족사가 인류를 유지한다고 생각합니다.

시 한 편에 아버지의 가장 중요한 이미지를 담은 얼빛 시인의 시에 갈채를 보냅니다.

얼빛 김웅배 시인은 앞에서도 언급했다시피 민족오산학교 총동창회장을 맡을 만큼 모교를 사랑했고 자긍심을 갖고 있습니다. 민족오산학교는 이 나라의 저명한 시인 화가 목사 지도자를 배출한 민족교육의 요람이며 민족정신의 성지였습니다. 원래 민족오산학교는 1907년 12월 남강 이승훈선생께서 평안북도 정주군 갈산면 오산리에 설립하였는데 6·25전쟁 이후 현재 서울 용산으로 옮겨 재건하였습니다. 설립 당시 고당 조만식, 씨알 함석헌 등 당시 위대한 민족 교육자들로 이루어졌고 김소월, 백석 등 시인과 이중섭, 승동표 등 화가와 주기철, 한경직 등 목사 그리고 김홍일 장군, 백병원 설립자인 의사 백인제, 아이러니하게도 오산학교 교가를 쓴 춘원 이광수, 안서 김억 시인도 이 학교 출신일 정도로 대단한 학교였으며 지금도 민족교육의 맥이 이어져오고 있습니다.

민족오산학교와 관련된 시 한 편 보겠습니다.

나의 모교 민족오산학교
설립자는 남강 이승훈 선생님
백범 김구 선생님과 나란히
나라를 위해 온몸을 바치신
지조 높은 교육자 독립운동가

내가 백범 선생님을 기리는
성재경 겨레시인의 김구 시집을 읽고

이 시를 쓰게 된 것도
우연이 아닌 필연으로
모교의 뿌리에서 돋아난 애국의 얼

"역사를 잊은 민족에게 미래는 없다"
나라를 잃은 아픔을 겪은 민족이라면
누구나 다시 찾고자 하는 마음이 없으랴
이 땅에 애국자의 피가 흐르지 않으랴

나라를 위해 순국하신 수많은 애국자가
바로 우리의 훌륭한 선조이고
우리는 그 피가 흐르는 자손이기에
시대가 부르면
애국자로 다시 태어나리
오늘도 나라를 위해 불철주야 애쓰는 분들
수출과 경제를 일으키는 고달픈 손길 속에
선열의 애국정신 희생정신 살아 있어
애국자의 피는
이 겨레의 가슴속에 영원히 흐르리라

- '애국자의 피가 흐르리' 전문

 그렇습니다. 얼빛 시인이 시에 쓴 것처럼 애국은 나가서 외치고 항거하고 죽고 죽이는 것만은 아닙니다.
 자기가 하는 일과 환경에서 나라를 위한다는 생각으

로 최선을 다하면 그것이 애국이고 애국자인 것입니다. 농부는 농사를 지으며 나라와 국민을 생각해서 농약이나 거름을 낼 때도 최소한의 양을 사용하고 공장에선 물건을 만들 때 국민의 안전과 효능을 우선시하고 식품을 만드는 사람은 우량식품으로 국민의 건강과 영양을 고려한다면 애국하는 길일 것입니다. 정치가가 개인의 욕망과 허세를 위해 국민을 우습게 안다면 그 끝은 나락으로 가는 것이고 사업가가 사원과 대중의 복리를 무시하고 자기 영달을 위해 달려가면 멸망의 길로 접어드는 것입니다.

민족오산학교의 정신과 이승훈, 조만식 등 훌륭한 선구자의 바통을 이어받은 얼빛 시인은 김구선생을 비롯한 순국영웅들의 목숨 바친 헌신을 되새기며 오늘도 애국의 길을 걷고 있습니다.

요즘 많은 시인들이 영혼의 깊은 울림보다는 언어의 화려함이나 감성의 돌출에 더 편승하여, 의식의 흐름에 내면의 사상을 태워 보내서 도대체 무슨 말을 하고 있는지 모를 만큼 난해하기도 합니다.

시를 강의하는 분들을 보면 자기 시도 제대로 쓰지 못하면서 시학이나 시의 원리라는 교재를 갖고 시를 벽돌공장에서 벽돌을 찍어내듯이 주입하는 분들이 있는데 그런 천편일률적인 시 공부는 오히려 자신만의 독특한 시어를 잃어버릴 위험에 노출되게 됩니다.

시는 배워서 익히는 학습이 아니고 스스로 깨닫고 느끼는 자기만의 의식세계가 필요하고 수없는 습작을 거쳐 완성에 도달하는 시도(詩道)의 험한 길일 것입니다.

내 이야기를 해서 뭐하지만 30년 홀로 떠도는 유랑의 길에서 자연은 나의 스승이었고 고독은 나의 양식이었으며 눈물은 시 짓는 가마의 땔감이었습니다. 사람들이 나를 가리켜 시인이 아니고 시공장 공장장이라 하는 것은 시를 쓰는데 많은 시간이 걸리지 않고 마음만 먹으면 하루에도 몇 편씩 시를 쓰고 많이 고치지 않는다는 뜻입니다.뜻입니다.

시를 쓰려면 많은 경험과 체험이 도우미가 되어야 하고 얼마나 삶과 치열한 샅바잡이를 했느냐에 따라 달라질 것입니다.

많은 세월을 집도 없이 떠돌며 생계와 고행을 위해 절간에서 목탁도 쳐봤고 기도원에서 신학을 하며 목사 안수도 받고 필리핀 선교를 다녀오면서 가슴속에 별처럼 시가 들어찼습니다. 집짓는 곳에서 막노동도 하고 스키장 알바도 하면서 시어(詩語)를 모았고 문화관광해설사, 농사꾼, 약초꾼, 메밀베개를 파는 장사꾼도 하면서 스스로 시의 세계로 내몰았습니다. 다시 가라면 갈 수 없는 모질고 험한 길, 죽음 같은 그 길에서 아름다운 시를 찾아 꿈꾸는 나그네로 살아왔기에 시공장 공장장으로 불리게 되었다고 생각합니다.

이제 얼빛 시인의 시 한 편 더 감상하고 시평을 줄이도록 하겠습니다.

구름 위 세상은
온통 설산처럼 하얗다
구름은 뭉칠수록 더욱 하얗고
흩어질수록 회색으로 어두워져

솜뭉치 둥실둥실 떠서
어디로 몰려가나
산다는 것도 구름 위를 걷듯이
허공을 떠다니는 것일까

맑게 갠 하늘 아래 옥색 바다
홀로 남아 따라가는
엷은 조각구름은
아무도 없는
망망 대천을 길 잃고 헤매는데

우리는 어디로 떠도는가
구름 아래에는
삶의 애환이 빼곡하고
구름 위 세상은
다 내려놓으라고 한다
훨훨 구름산을 걸으라 한다

- '구름 위를 걷다' 전문

　얼빛 시인의 작품을 읽노라면 더러 가볍고 쉽고 평이한 언어인데 엄청난 무게감이 눌러오는 시가 많습니다.
　그것은 중량감 있게 살아온 삶의 철학에서 비롯되었을 것입니다.
　민족오산학교를 거쳐 고려대학교 전자공학을 박사를 취득하고 최고 경영자의 레벨에서 오랜 세월 종사하면서도 타고난 서민적 기질이 시를 이끌고 있기에 쉬우면서도 중량감이 어깨를 낮추게 하는 마력(魔力)이라고 생각합니다.
　상식적으로 우리는 구름 위를 걸을 수 없습니다. 비행기를 타고 구름 위를 날 수는 있지만 구름을 밟고 걷는 것은 신선의 일일 것입니다.
　다시 말하면 영적인 이야기고 그렇지 않고 육적인 이야기로 몰아가면 구름은 세상이 되어야 하는 것이 맞습니다.
　'우리는 어디로 떠도는가'라는 질문에 구름 아래 세상은 '삶의 애환이 빼곡하고' 구름 위 세상은 '다 내려놓으라고 한다.'
　여기서 중요한 것은 '다 내려놓는 일' 일 것이다. 성자나 신선이 아니면 결코 할 수 없는 일이고 갈 수 없는 길인 것입니다.
　시인은 그렇게 말하고 싶었을 것이다. 보통 사람들이

다 내려놓는 것은 어렵다고 치면 내려놓는 시늉이라도 해보라고 명제를 던지는 것이지요.

  너무나 명예와 금전적 이익에 집착하지 말고 훨훨 구름산을 걸으라는 것이다. 최소한 자기 자신을 되돌아보고 내려놓고 살아보겠다는, '선의 이데아'를 찾아 구름 위 세상을 여행하라는 선문답이 될 것입니다.

  더 좋은 작품들이 있지만 독자 여러분들에게 맡기고 시평을 마치려고 합니다.

  대한민국 문단에 엘리트 시인이 탄생하여 첫 행보를 작품집으로 묶으며 많은 감회가 있을 것입니다.

  부족한 시평을 통하여 얼빛 시인에게는 더 훌륭한 작품을 생산하는 윤활유가 되고 이 시집을 읽는 독자들에게는 작은 길라잡이가 되었으면 하는 바람입니다.

              - 양주골 김삿갓 풍류길에서 겨레시인 **성재경**

얼과 빛 김응배 시인

달
그리움

1쇄발행 2025년 10월 21일

지은이 김응배
펴낸이 정수연
펴낸곳 도서출판 여름
등록 제1998년 9월 2일(제2-2626호)
주소 서울 중구 을지로 20길 32-16
전화 02-2278-6990
E-mail design6990@naver.com

ISBN 979-11-92943-11-4   03800

값 13,000원

저자와의 합의하에 인지는 생략합니다.
잘못된 책은 구입하신 서점에서 교환하여 드립니다.